贾东　主编　建筑营造体系研究系列丛书

江南私家园林之山水意境营造

彭历 著

中国建筑工业出版社

图书在版编目（CIP）数据

江南私家园林之山水意境营造／彭历著．—北京：
中国建筑工业出版社，2016.6
（建筑营造体系研究系列丛书）
ISBN 978-7-112-19406-3

Ⅰ.①江… Ⅱ.①彭… Ⅲ.①古典园林-私家园林-
介绍-华东地区 Ⅳ.①K928.73

中国版本图书馆CIP数据核字（2016）第092497号

责任编辑：唐　旭　李东禧　吴　佳
责任校对：党　蕾　李美娜

建筑营造体系研究系列丛书
贾　东　主编
江南私家园林之山水意境营造
彭　历　著

*

中国建筑工业出版社出版、发行（北京西郊百万庄）
各地新华书店、建筑书店经销
北京锋尚制版有限公司制版
北京中科印刷有限公司印刷

*

开本：787×1092毫米　1/16　印张：15¼　字数：308千字
2016年6月第一版　2016年6月第一次印刷
定价：49.00元
ISBN 978-7-112-19406-3
（28524）

版权所有　翻印必究
如有印装质量问题，可寄本社退换
（邮政编码 100037）

总序

　　2012年的时候，北方工业大学建筑营造体系研究所成立了，似乎什么也没有，又似乎有一些学术积累，几个热心的老师、同学在一起，议论过自己设计一个标识。在2013年，"建筑与文化·认知与营造系列丛书"共9本付梓出版之际，我手绘了这个标识。

　　现在，以手绘的方式，把标识的涵义谈一下。

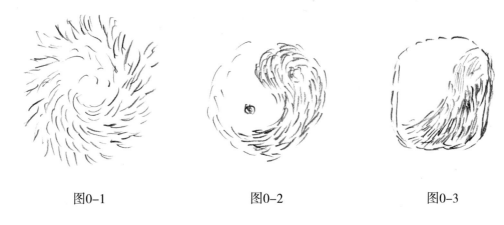

图0-1　　　　　　　　图0-2　　　　　　　　图0-3

　　图0-1：建筑的世界，首先是个物质的世界，在于存在。

　　混沌初开，万物自由。很多有趣的话题和严谨的学问，都爱从这儿讲起，并无差池，是个俗曰，却也好说话儿。无规矩，无形态，却又生机勃勃、色彩斑斓，金木水火土，向心而聚，又无穷发散。以此肇思，也不为过。

　　图0-2：建筑的世界，也是一个精神的世界，在于认识。

　　先人智慧，辩证大法。金木水火土，相生相克。中国的建筑，尤其是原材木构框架体系，成就斐然，辉煌无比，也或多或少与这种思维关系密切。

　　原材木构框架体系一词有些拗口，后撰文再叙。

　　图0-3：一个学术研究的标识，还是要遵循一些图案的原则。思绪纷飞，还是要理清思路，做一些逻辑思维。这儿有些沉淀，却不明朗。

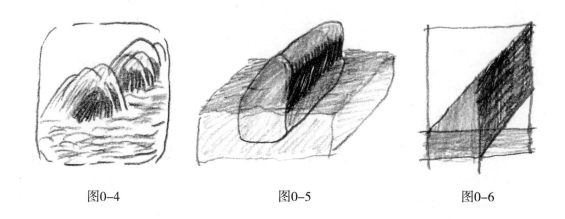

图0-4　　　　　　　　　图0-5　　　　　　　　　图0-6

图0-4：天水一色可分，大山矿藏有别。

图0-5：建筑学喜欢轴测，这是关键的一步。

把前边所说自然的大家熟知的我们的环境做一个概括的轴测，平静的、深蓝的大海，凸起而绿色的陆地，还有黑黝黝的矿藏。

图0-6：把轴测进一步抽象化图案化。

绿的木，蓝的水，黑的土。

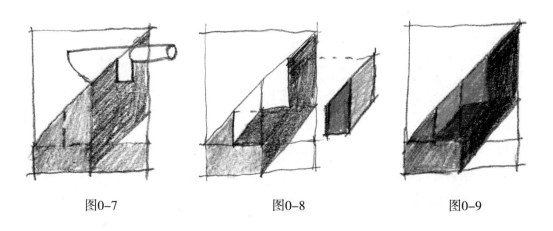

图0-7　　　　　　　　　图0-8　　　　　　　　　图0-9

图0-7：营造，是物质转化和重新组织。取木，取土，取水。

图0-8：营造，在物质转化和重新组织过程中，新质的出现。一个相似的斜面形体轴测出现了，这不仅是物质的。

图0-9：建筑营造体系，新的相似的斜面形体轴测反映在产生它的原质上，并构成新的五质。这是关键的一步。

五种颜色，五种原质：金黄（技术）、木绿（材料）、水蓝（环境）、火红（智慧）、土黑（宝藏）。

技术、材料、环境、智慧、宝藏，建筑营造体系的五大元素。

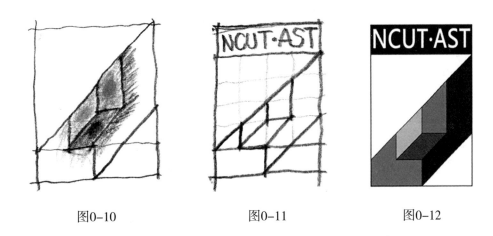

图0-10　　　　　　　　图0-11　　　　　　　　图0-12

图0-10：这张图局部涂色，重点在金黄（技术）、水蓝（环境）、火红（智慧），意在五大元素的此消彼长，而其人的营造行为意义重大。

图0-11：将标识的基本线条组织再次确定。轴测的型与型的轴测，标识的平面感。NCUT·AST就是北方工业大学/建筑/体系/技艺，也就是北方工业大学建筑营造体系研究。

图0-12：正式标识绘制。

NAST，是北方工大建筑营造研究的标识。

话题转而严肃。近年来，北方工大建筑营造研究逐步形成以下要义：

1. 把建筑既作为一种存在，又作为一种理想，既作为一种结果，更重视其过程及行为，重新认识建筑。

2. 从整体营造、材料组织、技术体系诸方面研究建筑存在；从营造的系统智慧、材料与环境的消长、关键技术的突破诸方面探寻建筑理想；以构造、建造、营造三个层面阐述建筑行为与结果，并把这个过程拓展对应过去、当今、未来三个时间；积极讨论更人性的、更环境的、可更新的建筑营造体系。

3. 高度重视纪实、描述、推演三种基本手段。并据此重申或提出五种基本研究方法：研读和分析资料；实地实物测绘；接近真实再现；新技术应用与分析；过程逻辑推理；在实践中修正。每一种研究方法都可以在严格要求质量的前提下具有积极意义，其成果，又可以作为再研究基础。

4. 从研究内容到方法、手段，鼓励对传统再认识，鼓励创新，主张现场实地研究，主张动手实做，去积极接近真实再现，去验证逻辑推理。

5. 教育、研究、实践相结合，建立有以上共识的和谐开放的体系，积极行动，潜心研究，积极应用，并在实践中不断学习提升。

"建筑营造体系研究系列丛书"立足于建筑学一级学科内建筑设计及其理论、建筑历史与理论、建筑技术科学等二级学科方向的深入研究，依托近年来北方工业大学建筑营造体系研究的实践成果，把研究聚焦在营造体系理论研究、聚落建筑营造和民居营造技术、公共空间营造和当代材料应用三个方向，这既是当今建筑学科研究的热点学术问题，也对相关学科的学术问题有所涉及，凝聚了对于建筑营造之理论、传统、地域、结构、构造材料、审美、城市、景观等诸方面的思考。

"建筑营造体系研究系列丛书"组织脉络清晰，聚焦集中，以实用性强为突出特色，清晰地阐述建筑营造体系研究的各个层面。丛书每一本书，各自研究对象明确，以各自的侧重点深入阐述，共同组成较为完整的营造研究体系。丛书每本具有独立作者、明确内容、可以各自独立成册，并具有密切内在联系因而组成系列。

感谢建筑营造体系研究的老师、同学与同路人，感谢中国建筑工业出版社的唐旭老师、李东禧老师和吴佳老师。

"建筑营造体系研究系列丛书"由北京市专项专业建设——建筑学（市级）（编号PXM2014_014212_000039）项目支持。在此一并致谢。

拙笔杂谈，多有谬误，诸君包涵，感谢大家。

贾 东
2016年于NAST北方工大建筑营造体系研究所

前言

　　每一位学者在写作之初,总有一个缘起,或者说是某种情结所致。本书缘起于笔者长久以来对于中国传统绘画的热爱以及对江南私家园林如画如诗般意境的膜拜。同时,本书作为造园学方向的一本论著,笔者希望能够呈现给热爱中国传统园林的行内、行外同仁一本非游记随感的,同时又非枯燥理论堆叠的书籍,更多的是使读者在品画、赏景中跟随笔者的思路,从传统山水画的视角细细品味江南私家园林,以期对江南私家园林的山水造境艺术形成更深刻的认知与理解。

　　笔者对于绘画的初识即源于5岁时的国画学习,虽从未师从名门,但凭借对绘画的热爱,始终没有放下过手中的画笔,儿时在家中墙壁上涂鸦式画马的情形至今记忆犹新。从胡乱涂鸦,到后来系统学习国画技法,对传统绘画的理解在不断更新和加深。传统绘画对于自然美的概括以及所承载的画者情感深深地打动了笔者,传统山水画中的一山一水不仅仅是对自然山水美的再现,更多的是对于山水所蕴含的传统文化及作者心境的体现,追求的不是表象的写实,而是心境感受的一致,这也正是几千年来古典园林掇山理水的境界追求。

　　对于园林,更多的是在进入大学后的学习,本科二年级时第一次来到苏州,初次见到了曾经只在课堂上、在书本上认识的私家园林,曾经一度认为是现代人对于古人遗物的主观分析和追捧的谬思顷刻荡然无存。拙政园、狮子林、网师园、留园、寄畅园、耦园、环秀山庄、艺圃……无论大小、无论残全,或是行进,或是停留,眼前的景象都会使人获得如画境般的园林感受。园中的山、水、树、石都与曾经看过、临摹过的山水画有着莫名的相似感。老师在园林史课堂上的讲义,刘敦桢、童寯、汪菊渊、孟兆祯、孙筱祥、彭一刚等先生在著作中的精妙分析——得以对应和印证,江南私家园林营园理法的博大精深不只是令我震惊,更多的是兴奋和向往。有幸的是在五年的研究生学习中能够如愿投入刘晓明教授门下,刘老师师从孟兆祯院士,对于传统园林有着深刻的见地,使我在学习中受益丰厚。在跟随刘老师学习的五年中又曾多次前往苏州、无锡、扬州等地调研学习,积累了丰富的资料。

　　更为幸运的是在参加工作后能够进入贾东教授主持的建筑营造体系研究团队开展科研,贾老师虽为建筑学出身,又是我校建筑学一级学科带头人,但在治学与科研中,贾老师始终坚持建筑学、城乡规划学、风景园林学三个一级学科的平行发展。贾老师所提出的三学科"同源、同理、同步"的发展思路正是本书构思的来源，中国传统山水画与私家园林的形成与发展也呈现出"同源、同理、同步"之态势，基于此，笔者开始构思本书提纲。本书以梳理中国传统山水画与江南私家园林的历史脉络为出发点，进一步阐述两者在山水理念方面的渊源，重点分析了山水图景的建构理法、形式语言及要素的表达，以山水图景的建构作为本书的核心内容。本书图文并茂，正如开篇所言，对于画作和园景的赏析是本书的主线，更为恰当地说，本书是一部"画说园林"的论著，千言万语不及点滴笔墨所蕴涵山水理法之精妙，能够在品画中建立起对于江南私家园林山水意境营造的共识则是笔者的心愿。

在团队支持和"北京市专项——专业建设-建筑学（市级）PXM2014_014212_000039"、"2014追加专项——促进人才培养综合改革项目—研究生创新平台建设-建筑学（14085-45）"、"本科生培养-教学改革立项与研究（市级）—同源同理同步的建筑学本科实践教学体系建构与人才培养模式研究（14007）"的资助下，本书最终得以出版。作为"建筑营造体系研究系列丛书"中的一部，期望本书的出版能够为团队的研究贡献绵薄之力。由于笔者在见识及能力上的局限，本书难免有不足之处，还望诸位不吝指正。

目录

总　序 / III
前　言 / VII

第1章　山水营园的历史脉络 / 1

    1.1　魏晋南北朝：营园造自然的兴起 / 2
    1.2　隋唐：承往而开来的繁荣 / 3
    1.3　宋元：诗画入园境的妙造 / 5
    1.4　明清：山水营画境的大成 / 12

第2章　山水营园的精神理念 / 33

    2.1　人与自然的和谐统一——儒道哲学理念 / 34
    2.1.1　天人合一，道法自然 / 35
    2.1.2　君子比德，人景融通 / 41
    2.1.3　大隐于世，独乐其中 / 43
    2.2　园居生活的自然观——自然造园理念 / 44
    2.2.1　源于自然，高于自然 / 44
    2.2.2　缩移天地，小中见大 / 45
    2.3　人、境、自然的融合为一——诗情画意境理念 / 56

第3章　山水营园的映画情源 / 67

    3.1　关于山水、画、园林、境的理解 / 67
    3.1.1　山水 / 67
    3.1.2　山水画 / 68
    3.1.3　画境 / 72
    3.1.4　山水画境 / 74

3.1.5　园林山水画境 / 75
3.2　寄情笔墨而纵情山水 / 75
3.2.1　追根溯源，一脉相承 / 80
3.2.2　绘山理水两相宜 / 84
3.2.3　因山情水意而激发的艺术创作 / 85
3.2.4　以画托志，以园寄情 / 87
3.2.5　画论园论，互融互通 / 91

第4章　山水图景的建构理法 / 95

4.1　山水图景的立意 / 95
4.2　景面建构 / 99
4.2.1　景面连续，动态布局 / 102
4.2.2　景深境远，空间划分 / 110
4.2.3　景面结构，起承转合 / 119
4.2.4　先立宾主，而后造景 / 131
4.2.5　虚实相生，空灵通透 / 137
4.2.6　巧于于蔽，含而不露 / 170
4.2.7　疏可走马，密不透风 / 180
4.2.8　曲折尽致，景移境异 / 185

第5章　山水图景的形式语言 / 191

5.1　自由隽永的线性语言 / 191
5.2　简远淡雅的色彩语言 / 203

第6章　山水图景的要素表达 / 215

6.1　山石 / 215
6.2　水体 / 222
6.3　植物 / 224
6.4　建筑 / 228

参考文献 / 230
后　记 / 231

第1章　山水营园的历史脉络

江南地区自古便是地美物丰、人文荟萃、湖山秀丽、风物清雅之地，早在殷商时期便产生了最早的原始文化——巫文化，而园林文化则可追溯到2500年前的先秦时期。春秋战国时期，吴王阖闾（公元前514~前496年）正式在苏州开始筑城，并且先后营造了规模宏大的离宫别馆及苑囿，如《吴郡图经续记》卷下《往迹》中记载的长洲苑、姑苏台，《吴郡志》所载的馆娃宫等，此时的宫苑多追求山川湖海吞吐日月的宏伟场面和壮丽景象，尤为突出的是对神仙境界的向往（图1-1），选取自然风光壮美的山水之地筑台建馆成为这一时期营园的主要特征（图1-2）。然而，私家园林的出现要晚于皇家园林，春秋战国以后，见于文字记载的有西汉苏州地区的"五亩园"，东汉末年的"笮家园"，到魏晋南北朝时期，私家园林随士人园林的出现而兴起。

图1-1　清　袁耀　蓬莱仙境图

图1-2　清　袁耀　汉宫春晓图

1.1 魏晋南北朝：营园造自然的兴起

魏晋南北朝时期是中国古代园林史的转折期，世人之审美和山水思想发生了巨大的变化，寄情山水、雅好自然已然成为社会风尚。官僚士大夫们已不满足于一时的游山玩水，亦想摆脱长途跋涉的路途艰辛，为了满足这一愿望，在居所营造"第二自然"——园林便是最佳的途径。受官僚士大夫造园的带动，门阀世族、庄园主及文人竞相效尤，私家造园由此兴盛起来。此时的造园从以往追求规模宏大、奇物满园的物质享受，转而追求设计精致、突出山水审美主题的小型园林，中国私家园林的发展轨迹由此确立。

自晋室南迁以后，江南地区人文荟萃，文化发展高于同时期的北方，同时江南地区凭其山水风景的钟灵毓秀，发达的经济条件以及具有较高文化素养的士族文人、名流的营造建设，使之成为再造自然山水园林的繁盛之地。此时的私园营建以建康、苏州和会稽为主。在都城建康，有东晋丞相王导所造"果木成林，鸟飞兽走"的以山林野趣为主题的西园；会稽王司马道子营东第"筑山穿池，列树竹木"，突出了山水间的情趣；将军沈庆之的娄湖园着重营造了湖景。梁代名士徐勉所营之园"桃李茂密，桐竹成荫，塍陌交通，渠畎相属。华楼迥榭，颇有临眺之美；孤峰丛薄，不无纠纷之兴。渎中并饶菰蒋，湖里殊富芰莲。虽云人外，城阙密迩……"由此可见其重视田园风光、陶冶情操的营园理念。庾信宅院"敧侧八九丈，纵横数十步，榆柳三两行，梨桃百余树"，可见其设计的小巧精致。在苏州，顾辟疆园尤为著名，此为史载第一例苏州私人园林。王献之自会稽经吴，闻此名园，径来访之。王献之与顾辟疆不相识，王献之来时，值顾辟疆方集宾友酣宴，王献之入园游赏，指麾好恶，旁若无人。顾辟疆勃然不堪，曰："傲主人，非礼也；以贵骄人，非道也。失此二者，不足齿之伧耳。"驱其左右出门。王献之足有残疾，独在舆上，回转顾望，左右移时不至。王献之令顾辟疆送出门外，怡然不屑，辟疆园至唐宋时尚存。园中竹、池之景在李白、顾况、陆羽的诗作中均有记载。最为后人乐道的则属《世说新语》所录王献之简傲径入且肆意评论、被主人赶出亦不以为意的故事。在会稽，刘宋时谢灵运在上虞经营的"始宁墅"是典型的大型山林庄园式私园。在扬州，谢安的"芙蓉别墅"是郊野别墅园的代表作。

由此可见，这一时期的私家园林主要是以城市私园、庄园以及别墅园的形式呈现，文人士大夫癖爱园林，热衷于营园，善于鉴赏园林，逐渐养成了一种重视精神陶冶更胜于物质享用的营园、赏园的审美心态。规模趋于小巧、设计趋于精致的再造自然山水的园林观渐已成型（图1-3）。

图1-3 南朝 陆探微 归去来辞图

1.2 隋唐：承往而开来的繁荣

隋朝统一全国后，漕运得到进一步推行，自余杭直通洛阳的大运河也大大促进了当时的商贸发展，此时的江南地区以扬州和苏州最为繁盛，政治相对安定，经济得到较大发展。唐朝政治开明、国家稳定，经济文化全面发展，是封建社会的鼎盛时期。但随着政治中心的北移，江南地区私家园林已非六朝之鼎盛，唯扬州一地为繁华胜地。隋炀帝疏浚大运河，扩大河运，使位于运河关键位置上的扬州成为江淮的交通枢纽，再度繁荣起来。受到隋炀帝大力修治江都离宫的影响，以扬州为中心的江南私家园林恢复并重新发展，甚至一度达到"园林多是宅，车马少于船"的地步。在唐人诗作中，经常可以见到有关扬州的描述，如李白的"故人西辞黄鹤楼，烟花三月下扬州"，徐凝的"天下三分明月夜，二分无赖是扬州"和张祜的"人生只合扬州死，禅智山光好墓田"等均描述了扬州一派歌舞升平的繁华景象。同时，私家园林的兴建也比比皆是，正如诗人姚合《扬州春词三首》中所说的"园林多是宅"，"暖日凝花柳，春风散管弦"的盛况。据史料记载，裴堪的"樱桃园"内"楼阁重复，花木鲜秀"，似诗画中所描述的人间仙境一般。"郝氏园"的自然山水风貌更胜于前者，如诗人方干在诗文《旅次扬州寓居郝氏林亭》中所述："鹤盘远势投孤屿，蝉曳残声过别枝；凉月照窗欹枕倦，澄泉绕石泛觞迟"，呈现出写意山水画一般的园林意境。此外，见于文献记载的还有"席氏园"、"木兰园"、"二十四桥园"等。

苏州亦是借由隋朝开凿的南北大运河，逐渐成为运河的中枢，在唐代得到了进一步的开发，经济也取得迅速发展，《吴郡志》中说："唐时，苏之繁雄，固为浙右第一矣。"《中吴纪闻》称："姑苏自刘禹锡、白居易、韦应物为太守时，风物雄丽，为东南之冠。"同时，苏州地区的文化在经济的推动下也得到了巨大的发展，苏州评弹、江南丝竹、昆曲、苏剧以及绘画等艺术文化异彩纷呈。随着生活水平和文化素质的提升，民间出现了普遍追求园林享乐的风气，伴随着这一时期山水诗、山水画的流行，诗情画意得以写入园林，逐渐形成"写

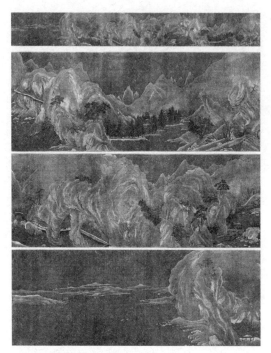

图1-4 唐 王维 山水图

图1-5 唐 王维 江干雪霁图

意山水园林"的特色。此时的苏州私家园林有所发展，但在风格上却基本服从于皇家园林的发展，主要有孙园、褚家林亭等富商和官家园林，装饰极具豪华之气。

五代时期，江南地区私家园林建设亦未停滞，造园繁多，在苏州有钱元璙的"南园"，又有孙承佑所造之园池，水竹繁盛，成为后来沧浪亭的基础。在金陵（今南京），宰相李建勋"营别墅于蒋山，泉石佳胜"；毗陵郡公徐景运"南原亭馆"临近长江，"辟精庐于中岭，倚层崖而筑室，就积石以为阶……设射堂于其左，湛方塘于其下……芳草嘉禾，修竹茂林，纷敷蔚蔚，不可弹记"；宰相严续之宅园，有"凤楼"之造，有牡丹之赏；司徒徐玠之池亭，"亭榭跨池塘，泓澄入座凉。扶疏皆竹柏，冷淡似潇湘"……可见造园中对于自然山水之趣的偏好，很重视将人工之景融于自然之中，又不失景象之丰富的营造手法，其中透出浓浓的隐趣于山水间的园林意境（图1-4）。

隋唐时期江南地区的园林，外部没有太多色彩艳丽的装饰和结构复杂的楼宇，内部力求简洁，崇尚自然、不事雕琢的风格，这不仅与建者的财力、物力有关，更受其审美倾向和品格意趣的影响。园林是享受自然山林、安放个人心灵的场所，所居之环境以舒适怡情为首要标准，园主们在环境幽僻、风景明秀处所建之居，虽然难以称"精"，甚至更近似荒野山居之"粗"，但外部的简陋已然消弭在营建的心灵享受中（图1-5）。园主们重视的是园居

图1-6 唐 孙位 高逸图　　　　图1-7 唐 王维 雪山行旅图

所处的整体大环境与心灵的契合，重视通过园林景致体现出的个人情操，内部的陈设布置已经退居其次，为自己的精神生活构筑一个可以宁静幽栖的世界才是关键。园林外部的精简与否，并不能完全等同于园主的内心世界。标新立异、绝迹尘嚣，实为园主们孤芳自赏，求得超脱的精神面貌（图1-6）。

"一峰则太华千寻，一勺则江湖万里"的象征手法在唐代江南园林实践中得到了进一步发展。所谓"若夫一枝之上，巢父得安巢之所；一壶之中，壶公有容身之地。"士大夫们之所以能够摒弃外部的精彩世界而耽乐于"壶中"，正因为小小宅园里，山、泉、池、瀑、岛、桥、亭、轩、花、石、木等园林景观无一不备，"壶中"虽小，却为他们造出了一个大千世界，于此有限的空间，可以欣赏到丰富的形态变化，获得"百仞一拳，千里一瞬，坐而得之"的欣赏效果。这既是对传统园林自然山水观的继承，亦是由物境营造转为意境营造的开始，这一理念，为后来宋元时期的营园继承并发展（图1-7）。

1.3　宋元：诗画入园境的妙造

唐朝末年的战乱并没有阻止江南园林的发展。虽然战事频发，经济遭受了重创，但是吴越在经济上和政治上呈现出安定承平的局面，直到北宋时，江南的经济、文化都得以保持历久不衰的态势，宋室南渡，偏安江左，江南逐渐成为全国最为发达的区域，私家园林的营造空前繁盛。另外，这一时期我国的文学艺术也处在蓬勃发展阶段，山水诗画、散文对造园产生了强烈的影响，给私园营造的布局、意境等都提供了重要的营养，超越了以往仅仅利用自然山林的理念，而对大自然进行了提炼、凝聚和创作，造园手法得到较大的提高，造园技艺也臻于完备。

临安（今杭州）是这一时期江南最大的城市，是当时的政治、经济、文化中心，同时其三面环山、西邻西湖、东邻钱塘江的山水格局，为民间造园提供了得天独厚的湖山胜境，据文献记载，临安私家园林的数量有百余处之多，其中西湖一带的私家园林最负盛名，《梦粱录》中记述了16处，《武林旧事》中记述了45处。其中较为著名的有平原郡王韩侂胄筑于西湖东南岸长桥附近的别墅园——南园，园内"有十样亭榭，工巧无二，俗云'鲁班造者。'射圃、走马廊、流杯池、山洞，堂宇宏丽，野店村庄，装点时景，观者不倦。"可谓因其自然之胜而雅趣妙在。另有权相贾似道的"水乐洞园"，园内"山石奇秀，中一洞嵌空有声，以此得名"。"水竹院落"为贾似道在西泠桥南的一处别墅园，此园"左挟孤山，右带苏堤，波光万顷，与阑槛相值，骋快绝伦"。"后乐园"在葛岭，原为御苑"集芳园"，后赐予贾似道，此园"古木寿藤，多南渡以前所植者，积翠回抱，仰不见日"。葛岭路有"廖药洲园"，园内"有花香、竹色、心太平、相在、世彩、苏爱、君子、习说等亭"。"云洞园"为杨和王府园，园内"有万景天全、方壶、云洞、潇碧、天机、云锦……花木皆蟠结香片，极其华洁。"此外还有"水月园"、"环碧园"、"湖曲园"、"裴园"等遍布在环湖四面以及湖西山地、北高峰、三台山、南高峰、泛洋湖等地。临安东南郊及钱塘江一带亦多有私家别墅园林的建置，据《梦粱录》记载有6处，如方家峪的赵冀王园、钱塘门外溜水桥东西马塍诸圃、内侍张侯壮观园、王保生园等。在临安城内的私家园林多为宅园，内侍蒋苑使的宅园最为著名，据《梦粱录》记载："筑一圃，亭台花木最为富盛……花工用七宝珠翠，奇巧装结，花朵冠梳，并皆时样……桃村杏馆酒肆，装成乡落之景。数亩之地，观者如市。"（图1-8）

吴兴（今湖州）是江南另一主要城市，临近太湖，山水清远，为多园池之地。《吴兴园林记》中记载了36处，其中最具代表性的为南、北沈尚书园，一座为宅园，一座为别墅园。北园又名北村，占地三十余亩，此园三面环水，园中开凿五个大水池，均与太湖相通，使园内外的水景连为一体，建"对湖台"远眺太湖，远山近水融为一体，极富野趣。南园则以石趣见长。北水南石，可见园主因地制宜造园的精妙立意。刑部侍郎俞澄的"俞氏园"，园石"假山之奇，甲于天下"。"赵氏菊坡园"是新安郡王的私园，园外"修堤画桥，蓉柳夹岸

第 1 章　山水营园的历史脉络

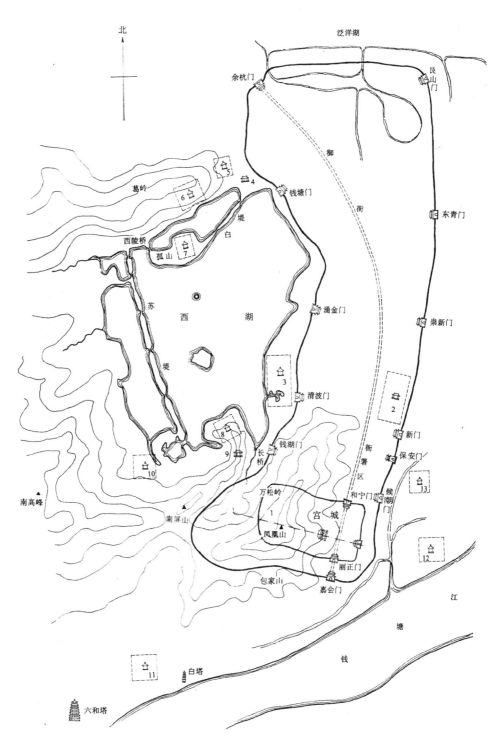

1. 大内御苑　2. 德寿宫　3. 聚景园　4. 昭庆寺　5. 玉壶园　6. 集芳园　7. 延祥园
8. 屏山园　9. 净慈寺　10. 庆乐园　11. 玉津园　12. 富景园　13. 五柳园

图1-8　南宋临安平面示意及主要宫苑分布图（引自《中国古典园林》）

数百株，照影水中，如铺锦绣"，园内"亭宇甚多，中岛植菊数百种"，内外相映成趣。另有"叶氏石林"，亦是独具特色。此外，在《吴兴园林记》中，对"韩氏园、丁氏园、莲花庄、倪氏园、赵氏南园、王氏园"等园的造园特色均有描述，由此可见南宋私家园林叠山、理水技艺之成熟。

平江（今苏州），自唐以来，经济繁荣、文化发达，自然条件得天独厚，这些都为经营园林提供了有利的社会条件和自然条件，私家园林数目众多，多分布在城内、石湖、尧峰山、洞庭东西山一带（图1-9）。平江的私家园林主要为宅园、游憩园和别墅园，最具代表性的有沧浪亭和乐圃。"沧浪亭"位于平江城南，"前竹后水，水之阳又竹，无穷极。澄川翠干，光影汇合于轩户之间，尤与风月为相宜"，园林内容简单而极富野趣（图1-10）。"乐圃"在平江城西北，此园"虽敝屋无华，荒庭不薙，而景趣质野，若在岩谷"，颇具在城市中游山林的趣味。此外，平江附近县治的私家园林有文字记载的还有南园、隐园、梅都官园、范家园、张氏园池、西园、郭氏园、千株园、五亩园、何仔园亭、北园、翁氏园、孙

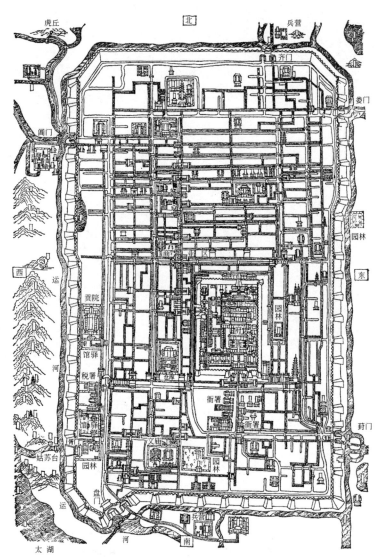

图1-9 宋平江府图碑（引自《中国古代园林史》）

图1-10 沧浪亭山水图景

图1-11 元 倪瓒 狮子林图

氏园、洪氏园、依绿园、陈氏园、郑氏园、东陆园等。

此外，润州（今镇江）依靠长江水路交通的便利及经济、文化的发达，多有私家园林营造，其中润州知府岳珂所筑"研山园"、沈括的"梦溪园"最具代表性。另外，盘洲园及沈园也是这一时期江南的名园。

至元朝末年，政治黑暗，人民不堪压迫，纷纷起义，造成了园林发展缓慢，但是并未停滞。张士诚从苏北起义，渡江南下占领了苏州一带，在城内建造宫殿王府，扩建了景云楼和齐云楼，在城东修建了锦春园。同时，一些文人，因不屈于外族的统治，常将山水作为平抚胸中愤懑的良方，从而使私家园林兴建有所发展，最著名的是天如禅师所建的"狮子林"，著名元四家之一的画家倪云林曾为之作画并参与创作（图1-11）。

总而言之，宋人在注重修养心灵的同时，通过多种技巧将人身居处的园林环境经营得更精致、更舒适，比如华津洞，"宋时赵冀王园中层叠巧石为之者，曲引流泉灌之，水石奇胜，花竹番鲜，有仙人棋台在焉"。在宋人看来，"士岂能长守山林，长亲蓑笠？但居市朝轩冕时，要使山林蓑笠之念不忘，乃为胜耳"，将白居易的"中隐"思想推进到极致（图1-12）。像宋诗关注社会各阶层生活细部一样，宋园的精细小巧比唐园有过之而无不及，盆景、鱼缸、柱础、楹联、匾额等小型附属艺术品种类丰富，精美绝伦，匾、联的书写和拟意均反映出高度的艺术性，著名的沧浪亭楹联："清风明月本无价，近水遥山皆有情"就将文学趣味与园林景观巧妙结合，在遥相呼应中深化了自身的内涵（图1-13）。与唐时相比，宋园中人工营造的成分增多，在园艺技术进步的背后，体现出了以诗画之境指导人工造园技艺的进步，私家园林的营造由再造第二自然转变为山水诗画意境的营造（图1-14）。

元代虽由于战乱和经济受创而使得江南地区园林发展缓慢，但是在锦春园、狮子林等作品中仍然可见由宋延续下来的造园思想。

（a）宋 刘松年 西园雅集图及局部（右半部）

第1章 山水营园的历史脉络

(b) 宋 刘松年 西园雅集图及局部(左半部)
图1-12 宋 刘松年 西园雅集图及局部

图1-13 沧浪亭楹联

图1-14 宋 刘松年 四景山水图

1.4 明清：山水营画境的大成

从南宋开始，经营私家园林的风气便在江南地区兴盛起来，到了明、清两代，私家园林的建置在此可谓达到了鼎盛。明、清时期的江南地区山水秀美，气候温润，河道纵横，水网密布，植物繁茂，为造园提供了优良的自然条件。从宋朝开始，江南地区文人辈出，文风之盛冠于全国，他们希望将自己融入江南的秀美风光之中，摆脱世俗的束缚，寻求精神的慰藉，这为江南私家园林达到鼎盛提供了强大的推动力。此外，富足的农业，繁荣的商业、手工业为私家园林的兴起提供了强大的经济基础。加之江南地区出产太湖石等材料，为叠石造山提供了极佳的素材，此地高超的造园技术和深厚的传统工艺，都为园林的建造提供了坚实的物质基础。此时，江南地区凭借着优越的地理环境、雄厚的经济基础和浓厚的人文气息，达到了中国古典园林的高峰，成为集物境、人境、意境营造之大成。扬州和苏州是这一时期江南私家园林精华荟萃之地，素有"园林城市"的美誉，杭州、无锡、南京及上海也有众多优秀作品（图1-15）。

明代扬州的私家园林多是建在城内或附近的宅园和别墅园，最负盛名的是郑氏兄弟的四

（a）清 徐扬 南巡纪道图局部（右半部）

（b）清 徐扬 南巡纪道图局部（左半部）

图1-15 清 徐扬 南巡纪道图局部

座园林，即郑元勋的影园、郑元侠的休园、郑元嗣的嘉树园及郑元化的五亩园，被誉为当时的江南四名园。其中以影园和休园的艺术成就最为突出。影园是著名的造园家计成主持设计和建造的，是扬州文人园林的代表作。影园仅有5亩左右大小，面积虽小，但其选址极佳，"予卜筑城南，芦汀柳岸之间，仅广十笏，经无否（计成）略为区画，别具灵幽"，可见造园者在选址及设计上的巧妙。影园是一个以水景取胜的水景园，充分利用山水之势划分景域，以植物为辅，建筑极少，水池是全园的中心，呈湖中有岛、岛中有湖的格局，园之内外依山环水，浑然一体。影园整体恬淡雅致，以少取胜，以简胜繁，所谓"略成小筑，足征大观"（图1-16）。

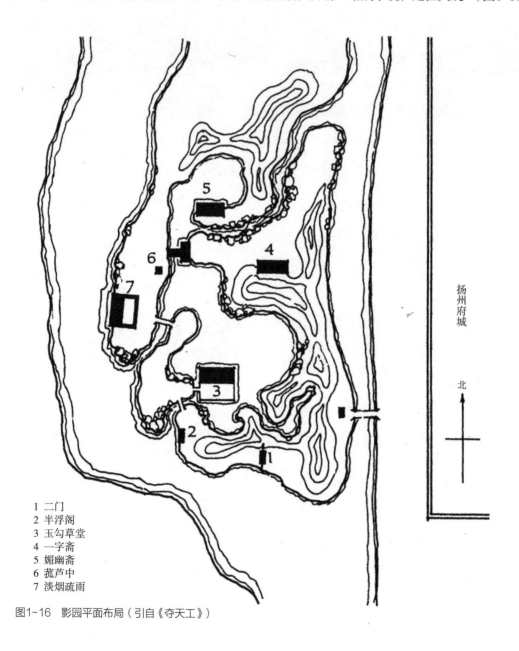

1　二门
2　半浮阁
3　玉勾草堂
4　一字斋
5　媚幽斋
6　菰芦中
7　淡烟疏雨

图1-16　影园平面布局（引自《夺天工》）

图1-17 清 袁耀 邗江胜览图

休园是一座占地15亩的大型宅园,以山水营造见长,山水之景贯穿全园,景观变化丰富,具有宋时私园简远、疏朗、雅致、天然的特点。园景"亦如画法,不余其旷则不幽,不行其疏则不密,不见其朴则不文",是典型的依山水画理营园林景观的做法。

清初,扬州私家营园更为兴盛,城内宅园密布,有城东关街和花园巷一带的九峰园、乔氏东园、秦氏意园、小玲珑山馆,亦有城西北郊保障湖一带号称扬州八大名园的王洗马园、卞园、员园、贺园、冶春园、南园、郑御史园、筱园。这些私家园林中既有士流园林也有市民园林,还有两者的混合体,庭院多有花木点缀,掇山引水,一派山水画境(图1-17)。

至清中后期,扬州私园呈现出臻于鼎盛的局面,有"扬州园林甲天下"的盛誉。在城区内,园林作品遍布街巷,尤以商业地段最为集中,最具代表性的有片石山房、个园、寄啸山庄、小盘谷、余园、怡庐、蔚圃等。城外保障河一带的河湖风景区较之前亦有很大发展,前文提及的东园、卞园、员园、冶春园、王洗马园、筱园等园林体系臻于完善,终形成瘦西湖园林集群,乾隆为瘦西湖二十四景题名,这二十四景的大部分为一园一景,园名即景名,也有一园多景的。此外还有以园主姓氏命名的,如徐园、贺园、黄园、洪园等,各园各色,沿湖两岸连续展开,构成一幅如长卷般的整体画面,并利用河道的转折和岛、桥的布置在画卷中形成起、承、转、合的韵律感。城外另一处园林汇集地是古渡桥一带,九峰园便是其中知名之作。到清末,郊外湖上园林渐渐衰落,一蹶不振,无复旧观。但城内的私园依旧兴盛,更有新建之佳作,如"个园"、"棣园"均建于此时(图1-18)。

江南私家园林之山水意境营造

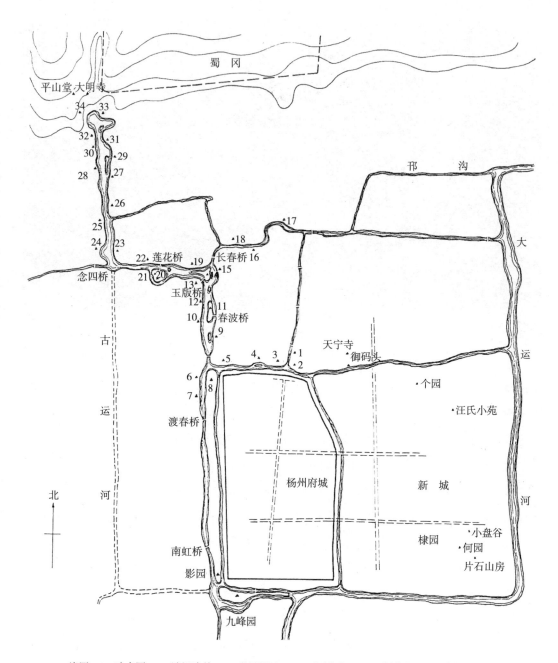

1. 毕园　2. 冶春园　3. 城闸清梵　4. 卷石洞天　5. 西园曲水　6. 虹桥修禊　7. 柳湖春泛
8. 倚虹园　9. 荷蒲薰风　10. 长堤春柳　11. 香海慈云　12. 桃花坞　13. 徐园　14. 梅岭春深
15. 四桥烟雨　16. 平冈艳雪　17. 邗上农桑　18. 杏花村舍　19. 水云胜概　20. 莲性寺　21. 东园
22. 白塔晴云　23. 望春楼　24. 熙春台　25. 篆园花瑞　26. 花堂竹屿　27. 石壁流淙　28. 高咏楼
29. 曲碧山房　30. 蜀冈朝旭　31. 水竹居　32. 春流画舫　33. 锦泉花坞　34. 万松桑翠

图1-18　扬州城及西北郊总图（引自《中国古典园林史》）

16

苏州是明清商贾云集之地，城内河道纵横，随处可引泉得水，土壤肥沃，交通极为便利，是当时商业、手工业的中心。周边的洞庭西山是著名的太湖石产地，尧峰山则出产上等的黄石，取材极其便捷，故经济的繁荣、优越的地理条件为苏州的造园提供了肥沃的土壤。此时的苏州城文人荟萃，读书习文成为一种风尚，书院林立，科举得中者数量为全国之首。此时的隐士已经不再像古人一样远遁山林，而是将园林建于城市之中，邀宾朋赋诗饮酒、箫歌玉晏，享人生之乐。这里，从当地官僚到文人雅士，再到乡村百姓，都争相造园，叠石造山，种植花木。这时的苏州名园棋布，成为当时名副其实的园林城市（图1-19）。

苏州私园造园者多为文人、官僚和地主，园林风格具有典型的士流园林特点，多是宅园，密布于城内，少数建置于乡间（图1-20）。明末清初的苏州名园中，最受人推崇的为拙政园，是这一时期苏州私园的代表之作。除城内宅园外，近郊的别墅园也较多，分布于山野之间、林木之下、河溪之岸，与太湖水网融为一体，分外秀美。其中洞庭东山的几座私园最负盛名，如吴时雅的芍畦小筑，后更名为依绿园，园内有水香簃、飞霞亭、花鸟间、桂花屏、芙蓉坡等众多景点，缩移山水之术已登峰造极。清中后期，江南私家造园的中心渐由扬州转移至苏州。与扬州相似，此时苏州的私园多为宅园，且集中于城内，其中包括号称苏州四大名园的拙政园、留园、网师园、狮子林，还有耦园、怡园、环秀山庄、半园、残粒园、畅园、鹤园等中国古典园林中晚期的代表作品（图1-21～图1-27）。此外还有近郊的别墅园，如高义园、虎丘拥翠山庄，沿湖的依绿园、渔隐小圃、退思园、羡园等。

《扬州画舫录》中记载："杭州以湖山胜，苏州以市肆胜，扬州以园林胜。"可见杭州是可与苏州、扬州相媲美的园林城市。杭州的西湖山水秀甲天下，是明清时期文人园林重要的聚集地，园林主要以花园、书院、草亭、山房、别墅等形式建于西湖之畔及其周围的青山之麓，著名的有延祥园、乔园、吴园等几十处私家园林，分布于西湖周围。西湖园林园内之水贯通西湖，多以收摄西湖的借景取胜（图1-28）。此外还有常熟的燕园、赵园、虚郭园、壶隐园、顾氏小园、澄碧山庄、瞿园，无锡的寄畅园、西林园，南京的东园、瞻园、熙园、随园、商园，上海的豫园、古猗园、秋霞圃、曲水园、醉白池等，都是这一时期的佳作。

这一时期的园林或以水见长，或以山取胜，或成就于山水之间，将叠山理水之技法发挥至极致，最为可贵的是已完全摆脱抄袭自然山水的做法，更加突出的是山水间意境的营造，远远超越以画入景的境界，集千年园林理法之大成，清代北方皇家园林在造园旨趣及手法上很多取自江南园林一事足以说明江南私家园林成就之高（图1-29、图1-30）。

江南私家园林之山水意境营造

（a）清 徐扬 姑苏繁华图及局部（右半部）

第 1 章 山水营园的历史脉络

19

江南私家园林之山水意境营造

(b)清 徐扬 姑苏繁华图及局部(右半部)

第 1 章 山水营园的历史脉络

21

江南私家园林之山水意境营造

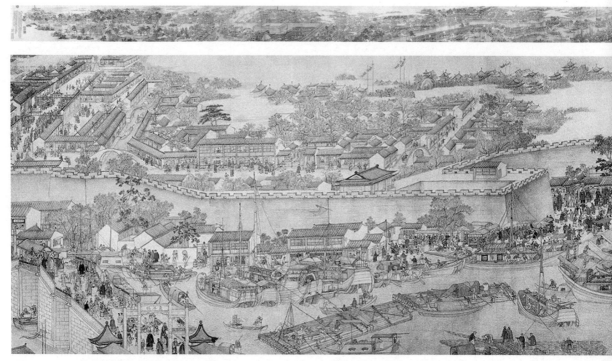

（c）清 徐扬 姑苏繁华图及局部（左半部）

第 1 章 山水营园的历史脉络

23

江南私家园林之山水意境营造

（d）清 徐扬 姑苏繁华图及局部（左半部）

图1-19 清 徐扬 姑苏繁华图及局部

第 1 章　山水营园的历史脉络

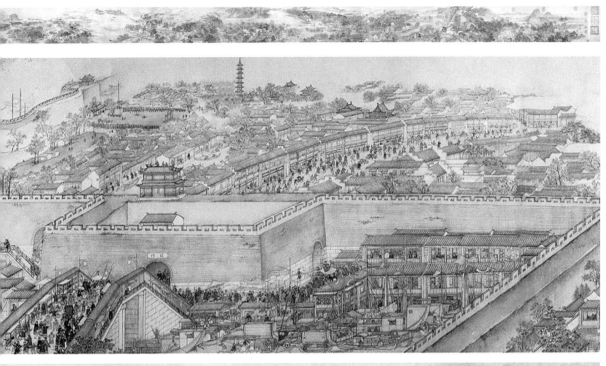

图1-20 苏州城内主要宅园位置图（引自《中国古代园林史》）

（a）清 徐扬 乾隆南巡图·驻跸姑苏及局部（右半部）

第 1 章　山水营园的历史脉络

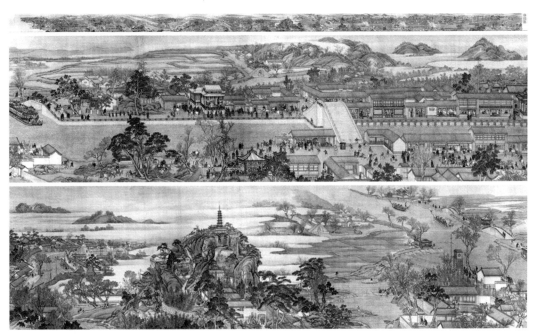

(b) 清　徐扬　乾隆南巡图·驻跸姑苏及局部（右半部）

(c) 清　徐扬　乾隆南巡图·驻跸姑苏及局部（左半部）

（d）清 徐扬 乾隆南巡图·驻跸姑苏及局部（左半部）

图1-21　清 徐扬 乾隆南巡图·驻跸姑苏及局部

图1-22　拙政园香洲

图1-23　留园小蓬莱

图1-24　网师园月到风来亭

图1-25　狮子林假山

图1-26　环秀山庄

图1-27　耦园

图1-28　艺圃

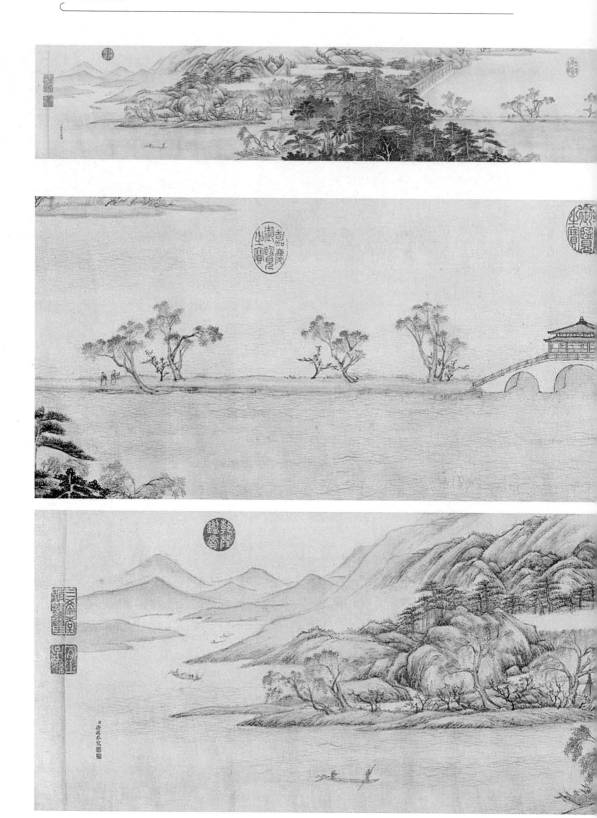

图1-29 清 徐扬 玉带桥诗意图

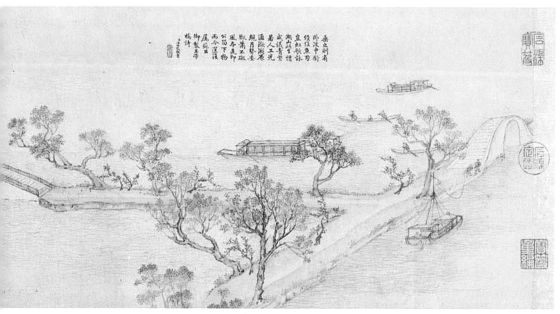

图1-30 清 沈源、唐岱 圆明园四十景图之"九州清晏"　　图1-31 清 沈源 唐岱 圆明园四十景图之"天然图画"

第2章　山水营园的精神理念

园林是人类利用自然、改造自然、再造自然并融于自然的产物。中国古典园林是表现自然、赞美自然、再现自然之美景的艺术行为。古代私家园林在造园中经历了从写实到写实与写意相结合，至完全写意的创作过程，这其中蕴涵了精深的儒道哲理和佛教精义，深受博大精深的中国传统诗画情趣的润滋影响。

江南私家园林的造园者多为文人、士大夫、地主等，造园多以简洁、冷雅、脱凡、俊逸为山水营园的概念，以期能达到高超的园林意境。他们将吟诗奏乐、品酒交友、赋诗作画等活动作为风雅的园居活动内容，在有限的庭园空间内依据自然山河的样貌、诗画的境界，营造出符合自己气节和精神境界的山、谷、峰、壑、溪、涧、池、沼等再现第二自然的意境化的山水景象。这些历史上经典的园林雅作不仅是园主对理想生活的描写和追求，也成为其寻求"问济天下"又"独善其身"的人生乐道的精神途径。所谓"朱门何足荣，未若拖蓬莱"，"何必丝与竹，山水有清音"正是私家园林造园追求的思想境界（图2-1～图2-4）。

图2-1　明　杜堇　玩古图

图2-2 明 杜堇 题竹图

图2-3 明 杜堇 听琴图

2.1 人与自然的和谐统一——儒道哲学理念

儒家思想对大自然的认知多从功利及伦理的角度出发，他们认为，在自然界中，山川河流等自然因素的外在形式和内在含义能够表现出与人的品德情操相类似的特征，正是因为这样，人才会对大自然产生美感，美由心生，是物质外在形式与人的精神互动而产生的美感。他们往往将理想的人性品德物化于自然媒介，如山、石、树、水等，从而形成理想的符合人为思想境界的山水风格（图2-5）。正是这种人化山水的哲学理念使得几千年的中国传统园林营造始终秉持着对山水的崇拜与尊重，私家园林尤为突出，始终遵循着风景式自然山水园的发展方向，缩移"山水"已然成了江南私家园林的又一代名词（图2-6）。

私家园林的发展过程同样体现着道家的思想意识。道教大约成型于东汉中后期，这与私家园林的生成期基本一致，因此，对于早期造园理念及构园形式产生了较大的影响。如在道教传说中，东海古有蓬莱、方丈、瀛洲三座神山，这里土地广袤，用之不尽，物华丰美，"其上台观皆金玉，其上禽兽皆纯缟。珠玕之树皆丛生，华实实皆有滋味；食之皆不老不死……"这些描述完美地解决了人们在生存生活中所不可回避的衣食住行、生老病死、贫穷富贵等问题，成为士人所追求的理想环境，因而"一池三山"的园林模式便开了以山水为主的自然园林之先河。从清代御用画师袁耀的《蓬莱仙境图》、袁江的《阿房宫图》中就可以发现几千年来在园林居所营造方面对通神通仙境界的追求（图2-7、图2-8）。随着时代的发展，中国士大夫隐逸文化开始张扬，道家思想的影响力也日益上升，中国古典园林开始转向追求道家的逍遥自由以及自然之美（图2-9）。

总体而言，儒道的哲学思想对于造园理念的影响可以概括为三个方面：第一，天人合一，道法自然。第二，君子比德，人景融通。第三，大隐于世，独乐其中。

图2-4 明 杜堇 梅下横琴图

2.1.1 天人合一，道法自然

天人合一的思想产生于原始农业经济时期，对中国人的自然观有着深刻的影响。"天人合一"的思想观念虽然最早是由庄子阐述的，但儒家学说与道家学说都主张人与自然和谐相处，追求天人合一的至高境界。"道法自然"是道家哲学的核心，道家的思想方法和对世界本质的理解正是建立在"道法自然"这一观念的基础上的。老子《道德经》中有"人法地，地法天，天法道，道法自然"的论述，说明人、地、天共同构成了完整的自然界，在宇宙苍生、自然万物的生存发展中都存在着互相影响制约的关系，唯有互融，方可昌盛。正如《诗经·豳风》中描写公刘封地——豳地的农家生活，辛勤劳作的情景，体现出天地人和的自然观，这是中国最早的田园诗（图2-10）。

天人合一、道法自然的思想包含了深刻的哲学内涵，其宗旨并非指对自然的简单模

图2-5　宋 马远 溪山秋爽图

图2-6　清 袁耀 山水庭园十二屏风图

第 2 章 山水营园的精神理念

图2-7 清 袁耀 蓬莱仙境图

图2-8 清 袁江 阿房宫图

图2-9 清 袁耀 桃花源图

仿，而是重视自然美的创造以及对自然的精神体验。道家讲究人与自然的统一，它对自然的审美感受是在人对自然的超越中得到的，这种审美感受是自由和逍遥的，不受约束的，显然这较之于儒家处处从自然中找寻道德精神的比拟象征，是一种更为纯粹的审美感受。道家思想重视个体的生命价值，与重视人的群体价值的儒家文化互补，因而在魏晋时期形成了中国儒道互补的文化格局。《伏生授经图》描绘了秦始皇焚书坑儒后，儒学受到极大的打击，至西汉文帝时，求能治《尚书》的人，可此时伏生已年九十余，图中倚坐在方席上的老者即是伏生，鬓发苍苍，老态龙钟，难以出行，故文帝使晁错往受，得28篇，

（a）宋 马远 诗经豳风图及局部（右半部）

(b)宋 马远 诗经豳风图及局部(左半部)
图2-10 宋 马远 诗经豳风图及局部

以弘扬儒学教义,此图表现的即是这个题材(图2-11)。汉末的战乱让士人们开始更多地探寻生命的意义所在。随着儒家道德的约束力的下降,张扬个体生命价值的道家思想的影响力不断增加,士大夫们为了回避官场倾轧,开始流连于江南秀美的山水之中。至魏晋时期,隐逸山林渐已成风,"竹林七贤"便是代表,阮籍、嵇康、山涛、刘伶、阮咸、向秀、王戎七人是当时玄学的代表人物,虽然他们的思想倾向不同,但均主张"越名教而任自然",坚持名教与自然合一,避政治迫害而归隐山林,享受自然,畅所欲言,反映出当时对于清谈玄学的崇尚已到了无以复加的地步(图2-12~图2-14)。在这种追求享乐思潮的影响下,

图2-11 明 杜堇 伏生授经图

私人营园的活动开始盛行。

　　所有这些都是中国人对自然的一种原始崇拜和追求。中国园林崇尚人与自然的和谐，重视"天道"与"人道"的统一，这种天人合一的思想体现了中国人对自然的尊重。从老庄崇

图2-12　竹林七贤与荣启期砖画像

图2-13　明 陈洪绶 竹林七贤图

图2-14 明 仇英 竹林七贤图

尚自然到以表现自然美为主旨的山水诗、山水画和山水园林的出现、发展，都贯穿了人与自然和谐统一的哲学观念，这个观念深刻影响了中国园林艺术的创作，营园者将建筑、山石、水体、植物有机地融为一体，在有限的空间内模拟自然、再造自然，把人工美融于自然美之中，创造出了与自然环境协调共生、天人合一的艺术综合体——园林（图2-15）。作为一种集居住与观赏为一体的空间物化形式，园林从一开始就以模拟自然意境为目的，这是源自道家的出世思想。私家园林的建造者或拥有者多是那些告老还乡的官员、躲避官场的隐士或是流连秀美环境的富商巨贾，其对道家的超凡脱俗、回归自然的出世思想更为崇尚，所以江南私家园林非常注重空间组合和意境营造，显示出浓郁的艺术气息。

2.1.2 君子比德，人景融通

儒、道在崇尚自然方面是比较统一的。儒家认为自然山水和松柏之所以惹人喜爱，是因为它具有与人的高尚、睿智、稳重、敦厚等精神品质相似的特性，这即是"比德"自然美的思想理念。儒家常常以山水作道德精神的比拟，如"嵩高维岳，骏极于天"，"知者乐水，仁者乐山"，"岁寒，然后知松柏之后凋也"等，前一句用高耸的泰山和山水来比喻君子的品格，后一句则把自然物的某些特点和人的道德联系起来。这种"比德"观念，对于文人画的创作有着深刻的影响，山水画家宗炳在《画山水序》里提出"山水以形媚道"、"山水质有而趣灵"的论断，他认为"山水是以外形体现'道'的，因而图绘山水形象可以领悟虚无之道"（图2-16）。

造园家多是能诗善画的文人，这种崇尚自然山水的精神和比德自然的精神在诗画创作中的贯通势必对园林山水的创作产生了很大的影响，园林创作中的"比德"，主要来源于它对山水诗、山水画依附对象的继承，多表现为通过梅兰竹菊或者"岁寒三友"等植物来比拟高洁，如欣赏松的岁寒后凋，梅的独傲霜雪，竹的虚心有节，兰的处幽谷而香清，荷的出淤泥

图2-15 清 袁江 别苑观览图

图2-16 明 钟礼 举杯玩月图

图2-17 宋 马远 岁寒三友

第 2 章 山水营园的精神理念

而不染等（图2-17）。造园者以空间为纸，以山、水、树、石、屋为笔墨，托物言志，抒发情怀，创造出了富于诗画情意的文人山水园林，由此形成了指导园林创作的思想基础，强调因物喻志、托物寄兴、感物兴怀的意境造园传统。所以，中国后来的士大夫都喜欢用山水或者松、竹、梅、菊等高洁的自然事物来自喻人格，以达到借物抒情的目的，如马远的《高士观瀑图》以松、石、瀑喻观景人境界之高深（图2-18）。

2.1.3 大隐于世，独乐其中

扬州、苏州、杭州作为历史上江南地区最为发达繁荣的城市，名人辈出，有许多士大夫曾经在京为官，尤其是明清两代。以苏州为例，在明清两代，全国共出状元204名，而苏州就产生了34名。这其中有在朝中得势者就必然有失意者，但无论得势也好，失意也罢，都钟爱园居生活，对自家宅园的营建十分重视，或为退位让贤后能安享晚年，或为远离仕途之纷争，隐居于自己理想的山水庭园中，总之都是将园林作为自己的精神寄托，以追求超凡脱俗的生活境界。这其中既有时事之所迫，亦是儒家"归隐"哲学的世代影响。

孔子曾周游列国寻求出仕的机会，"君命召，不俟驾行矣"，即国君征召令下，纵然车马尚未具备，也马上步行进宫。"三月无君则皇皇如也"：如果三个月未见国君，

图2-18 宋 马远 高士观瀑图

被国君疏远、冷落，心中就会感到十分惶恐、歉然，足见其积极入仕的态度。但孔子在他的入仕遭遇挫折时也面临仕和隐的矛盾，"道不行，乘桴浮于海"，如果自己的政治主张和学说得不到推行，就乘木筏漂流海外，不过问国事，并提出"邦有道则仕，邦无道则可卷而怀之"的仕隐观。

"魏晋之际，天下多故，名士少有全者"，以嵇康、阮籍为代表的"竹林"名士，以隐于"山林"的方式，作消极的抗争，使隐逸之风日益昌盛（图2-19）。陶渊明身处于政治黑暗的历史交替之际，虽胸怀有壮志，也曾出仕为官，但最终还是辞官归隐，他在《感士不遇赋》中说："密网裁而鱼骇，宏罗制而鸟惊。彼达人之善觉，乃逃禄而归耕。"隋唐时期虽是中国封建社会的鼎盛之世，但隐逸之风仍无衰减之兆。唐代大诗人李白在翰林院供职时，蔑视权贵，写下了"安能摧眉折腰事权贵，使我不得开心颜"的诗句，表达了归隐的心迹。大诗人白居易亦有诗《中隐》云："大隐住朝市，小隐入丘樊。丘樊太冷落，朝市太喧嚣。不如作中隐，隐在留司官。"宋代，隐士也不断涌现，即使以兼济天下为己任的辛弃疾、陆游、朱熹等名士也曾经归隐。明清之际的隐士之多，不逊于前朝，王夫之、顾炎武、傅山等人，抗清失败，隐于崖穴、山林，终身不仕。"这些欣慕老、庄，务求心神超然的贵族名士，以隐逸为高，以游放山水为傲，于山水佳美之处，广置庄园，与志同道合的文人名士、僧道优游其间，或徜徉在山水之间，或在琴棋书画间饮酒，谈玄赋诗，因而隐逸不是件清苦之事，而成为一种高尚的享受和欢快。"他们将生活与文化相融合，创作出具有明显的士大夫情趣，精致典雅的私家园林，以此作为其隐世生活、寄情山水的独乐之地，《兰亭集序》系列画作将这一思想描绘得淋漓尽致（图2-20、图2-21）。

2.2 园居生活的自然观——自然造园理念

2.2.1 源于自然，高于自然

中国古典园林的发展经历了利用自然、改造自然到再造自然的过程，中国人的园居生活始终是以处理人和自然间的和谐关系为根本的。这与"天人合一"的思想不无关系，这一倡导人与自然共融的自然观一直为中国历代文人所推崇，并且奠定了中国传统园林的思想理论基础。传统造园的自然精神强调"法天贵真"、"天趣自然"，反对成法和违背自然的人工雕琢。中国园林自然精神里的最高境界是"妙造自然"，因此中国传统园林大都以自然为背景，但也不局限于自然，把自然融汇到具体的地域里，因地制宜，自然地表现出情景交融的氛围（图2-22）。

《园冶·兴造论》中指出营园之初先"相地"方可"立基、屋宇、列架……"可见选择理想的自然环境对于营造园林的必要性和重要性。早在先秦时代，古人就在自然环境优美，依山傍水之地圈地筑台，如章华台、姑苏台等，将大自然的风光及资源直接借用到园林中来，直接亲近大自然，这即是古典园林的雏形——"苑"、"囿"、"台"。秦汉时期，则是直接把自然山水实体纳入园中，如上林苑、建章宫等皇家园林，自然山水实体所占的空间就是造园空间，这标志着以自然造园为空间观念的造园思想的确立，这是最初的完全源自自然、利用自然的过程，从历代描绘宫殿的画作中即可看出这一特点（图2-23、图2-24）。

随着生产力和造园理念及技法的发展，相地营园逐渐由直接利用自然发展为利用和改造相结合的造园思想。在魏晋南北朝时期，造园从真山真水的借用逐渐发展为在城市及郊野中改造环境，再造真实模拟自然山水的人工山水园，私家造园尤为明显。造园者观察自然山水的生态形象，因地制宜，直接寻找最能表现环境的真山真水，加以借鉴和改造，把自然形象完美融入造园创作中，如西园、楼湖园、芙蓉别墅等，这是私家园林的写实造园时期（图2-25）。

经过写实造园后，从隋唐开始，私园的营造渐由写实转向写意，直至宋代，写意化的造园理念形成。在此，造园再也不是对具体名山大川的模拟，而是对山水间意境的营造，经过人工技法的创作，咫尺庭园中的山水也具有了真山真水的韵味以及对自然之趣的精神追求。在此过程中，私家园林由占山圈地变为半亩营园，园林小巧而精致，咫尺天地、缩移山水成为江南私家园林营建山水园景的理念（图2-26）。

2.2.2 缩移天地，小中见大

江南私家园林以其小巧雅致、虽为人造而意趣深远闻名于世，由保留至今的私家园林就能看出，都是在有限的庭园空间内，借由对自然山河的理解和概括，营造出了具有甚至超越自然山水景意的园林景观，可谓将"壶中天地"、"芥子纳须弥"的思想发挥到了极致（图2-27）。《后汉书·方术列传》云："费长房曾为市掾，市中有老翁卖药，悬一壶于肆头，及市罢，辄跳入壶中，市人莫之见，唯长房于楼上睹之，异焉，因往再拜奉酒脯。翁知长房之意其神也，谓之曰：'子明日可更来。'长房旦日复诣翁，翁乃与俱入壶中，唯见玉堂严丽，旨酒甘肴盈衍其中。"壶中天地的空间原则开始得以认识和接受。

南北朝时，刘宋宗炳在其《画山水序》中说："昆阆之形可围于方寸之内，竖画三寸，当千仞之高；横墨数尺，体百里之回。"中唐以后，"壶中天地"的造园手法也成了士人园林的普遍追求，许多文人在造园时都不自觉地运用其中（图2-28）。如白居易在其《官舍内新凿小池》一文中这样描述他的小池："帘下开小池，盈盈水方积。中底铺白沙，四隅甃青石。勿言不深广，但取幽人适。……岂无大江水？波浪连天白！未如床席前，方丈深盈尺。"他还在给其友人的一封信中说："君住安邑里，左右车徒喧。竹药闭深院，琴樽开小轩。谁知市南地，转作壶中天。"由此可见"壶中天地"的空间观念已经深深地影响到了绘画和诗歌。

图2-19　清　禹之鼎　竹林七贤图

第 2 章　山水营园的精神理念

47

江南私家园林之山水意境营造

图2-20 明 钱榖 兰亭修禊图

第 2 章 山水营园的精神理念

图2-21 明 钱贡 兰亭诗序图

许多造园原则来源于绘画和诗歌的启发，因此，中唐以后确立的壶中天地的原则自然也被园林艺术所借鉴，并成功运用到实际创作中去。至明代，《园冶》中"板壁常空，隐出别壶之天地"、"伟石迎人，别有一壶天地"的论述，说明"壶中天地"已经成为园林创作的指导思想。为了实现"壶中天地"的景观，造园者从绘画和诗歌中吸取营养，摹山范水，创造出一幅幅立体的画，无言的诗。"壶中天地"形象地概括了封建文人追求畅游自然、自得其乐的精神向往，直至今日已然为营园者所推崇，贝聿铭先生在苏州博物馆水池北岸以粉墙为画纸，以置石为山崖，塑造了一幅生动的山水图景，将缩移山水的手法应用得恰到妙处（图2-29）。

"芥子纳须弥"原是佛家故事,《维摩经》中"不可思议"品云:"若菩萨住是解脱者,以须弥之高广,内芥子中,无所增减,须弥山王本相如故。"由此引喻物质世界的有限和精神世界的无穷。"芥子纳须弥"从一个侧面高度总结了人和自然的和谐统一。明清时期,士大夫们越来越醉心于他们的"芥子"式小园,但心灵的精神空间却越来越大。苏州历史上有"一枝园"、"半枝园"、"茧园"、"咫园"等。今存者有"曲园"(图2-30)、"半园"(图2-31)、"残粒园"(图2-32)等,都是这种精神的体现。清代李渔的芥子园十分有名,李渔《笠翁一家言全集》云:"此余金陵别业也,地止一丘,故名'芥子',状其微也。往来诸公,见其稍具丘壑,谓取'芥子纳须弥'之义。"

图2-22 清 袁江 骊山避暑图

图2-23 清 袁耀 九成宫图

图2-24 清 袁江 观潮图

图2-25 明 唐寅 西园雅集图

第 2 章 山水营园的精神理念

(a)

图2-27 苏州拙政园粉墙前山水盆景

(b)

图2-26 苏州严家花园

图2-28 苏州留园石林小屋咫尺山林

(a)

(a)

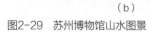

(b)

图2-29 苏州博物馆山水图景

(b)

图2-30 曲园

第 2 章　山水营园的精神理念

图2-31　半园　　图2-32　残粒园花园平面图（引自《苏州古典园林》）

（a）　　　　　　　　　　　　　　　（b）

图2-33　环秀山庄

　　从壶中天地到芥子纳须弥是园林追求"小中见大"的一大推进。到了明清之际，特别是康乾时代，这一空间观念在造园中得到了广泛的运用，园林更加追求小巧秀美，这在苏州私家园林里得到了完美显现。陈从周先生的《苏州环秀山庄》一文就极赞该园假山的"以有限面积造无限空间"，"洞壑深幽，小中见大"（图2-33）。从"自然尺度造园"到"壶中天地"再到"芥子纳须弥"，预示着中国传统造园者自然观的变化，造园者逐渐由模拟自然走向意境创作的营园理念的变化。

55

2.3 人、境、自然的融合为———诗情画意境理念

意境作为中国特有的美学范畴，以中国传统哲学为基础，源于先秦，确立于明清。意境和诗歌、绘画等艺术题材有着密切联系，意境存在于它们之中，同时这些艺术题材因为有了意境而更具艺术魅力。

东晋时期，山水诗和山水画开始萌芽发展，相继出现了许多著名的山水诗人、山水画家以及许多山水游记作品，园林创作受山水诗、山水画的影响开始向精致化、诗意化发展，追求诗情画意的园林意境。园林意境创始时代的代表人物，如东晋南北朝时期的王羲之、陶渊明、谢灵运，唐宋时期的王维、柳宗元、白居易、欧阳修等人（图2-34）。陶渊明用"采菊东篱下，悠然见南山"体现恬淡的意境。"诗中有画，画中有诗"的王维所经营的辋川别业，充满了诗情画意，历代诗画对其赞誉不绝（图2-35~图2-40）。元、明、清的园林创作大师如倪瓒、计成、石涛、李渔等人都集诗、画、园林诸方面高度文艺修养于一身，发展了园林意境创作的传统，力创新意，做出很大贡献（图2-41、图2-42）。

意境具有情景交融、虚实相生、韵味无穷的艺术审美特征。中国园林艺术是融合了自然环境与建筑、诗、画、楹联等多种艺术的综合体，因此，园林意境产生于多种园林艺术要素的综合效果。园林在形成与发展过程中，始终与山水画、山水诗乃至山水文学紧密相关，文人参与园林设计，尤其是大量画家和诗人的介入进一步促进了园林对意境美的发掘。中国古典园林特别强调造园的审美"意境"，追求"虚实相生，无画处皆成妙境"的艺术效果。清代画家方士庶在其《天慵庵随笔》中写道："山川草木，造化自然，此实境也；画家因心造境，以手运心，此虚境也。虚而为实，是在笔墨有无间，衡是非、定工拙。"因此，园林中常借鉴绘画四邻，在造园布局时，常让幽深的景色半含半露，或是把美好的意境隐藏在一个或一组景色的背后，采取欲扬先抑的手法，逐步延伸开来，曲径通幽，增添了园林的艺术深度，加强了观者对人生以及美好自然的深刻理解（图2-43、图2-44）。

诗情画意的意境审美观进入园林是造园思想的一个巨大超越，文人园林始于魏晋，唐宋以后，文人群体更多地进入园林创作中去，受文人隐逸之风的影响，园林更加追求写意，求神似，不讲细腻，以自然为原型的写意山水园林开始兴盛，咏诵山林的言情诗也被造园所借用，于是出现了"因画成景，以诗入画"的风气，这种风气不仅形成了文人园林的特色，而且一直影响到明清时期的造园，文人们因诗按画的造园风尚，更增添了园林的诗画意境。

第 2 章　山水营园的精神理念

图2-34　唐　王维　剑阁雪栈图

图2-35　唐　王维　辋川图

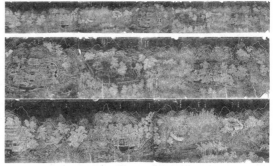

图2-36　唐　王维　辋川图

图2-37　宋　郭忠恕　辋川图

(a)元 王蒙 辋川图及局部（右半部）

第 2 章　山水营园的精神理念

江南私家园林之山水意境营造

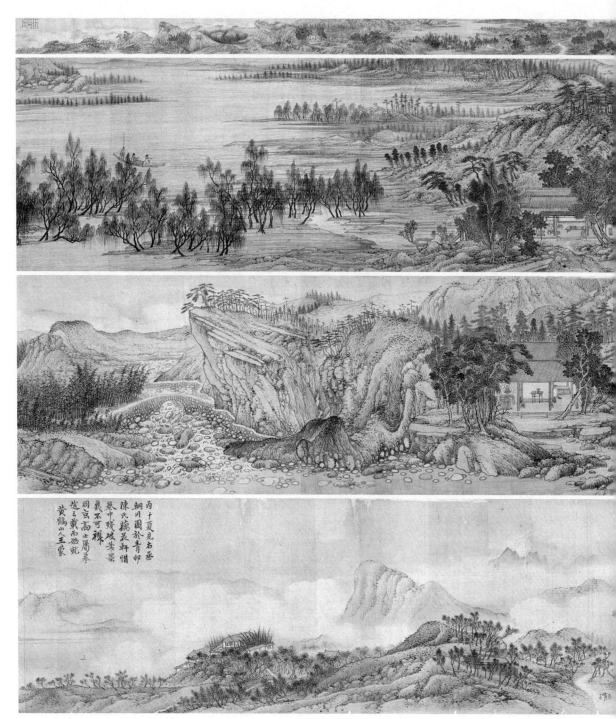

（b）元 王蒙 辋川图及局部（左半部）
图2-38 元 王蒙 辋川图及局部

第 2 章 山水营园的精神理念

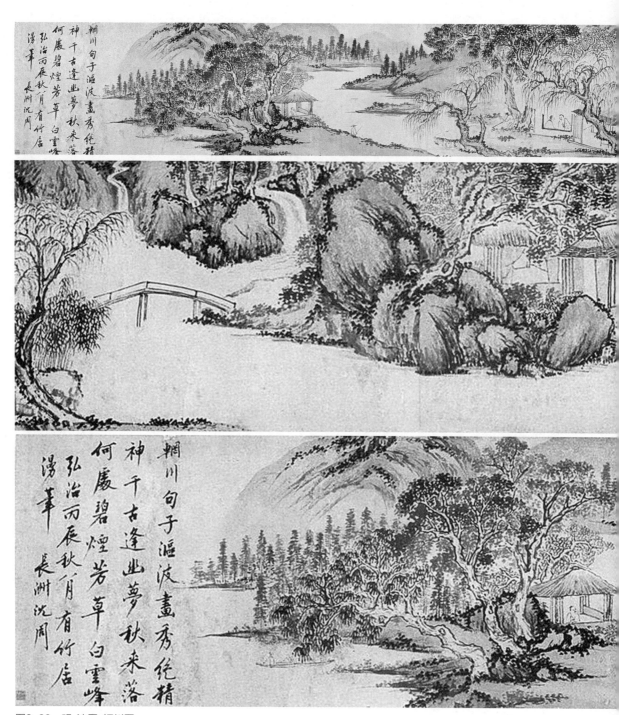

图2-39 明 沈周 辋川图

第 2 章　山水营园的精神理念

江南私家园林之山水意境营造

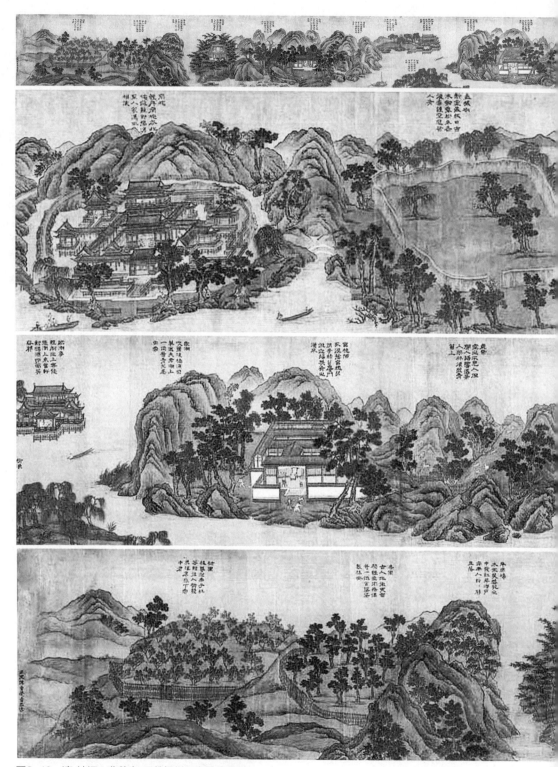

图2-40 清 沈源、曹夔音 王维辋川二十景诗意图

第 2 章 山水营园的精神理念

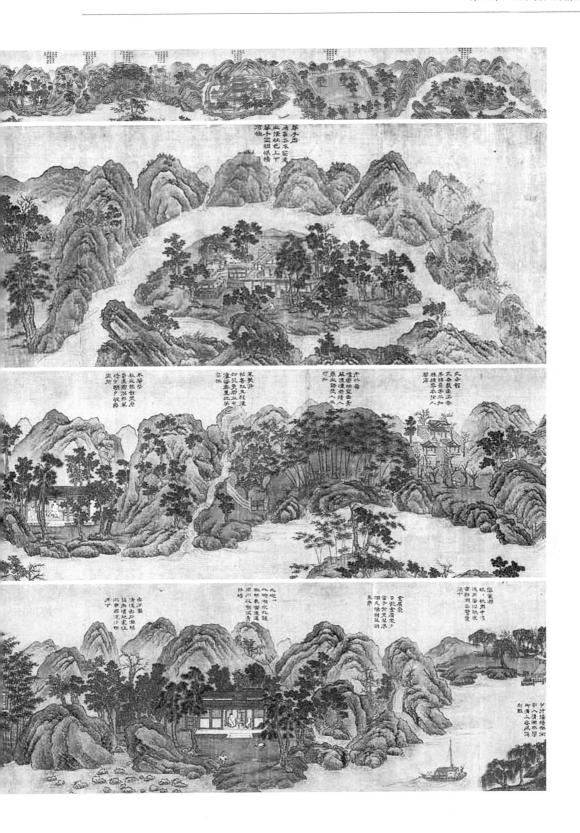

图2-41 元 倪瓒 秋林野兴图

图2-42 清 石涛 烟树涨村图

图2-43 清 方士庶 山居图

图2-44 清 方士庶 嵩山草堂图

第3章 山水营园的映画情源

3.1 关于山水、画、园林、境的理解

由江南私家园林的发展史及精神理念可以看出中国传统山水画在私家园林从产生到大成的过程中扮演着重要的角色，彼此相互影响，相互促进，呈共生关系。传统山水画在很大程度上影响着江南私家园林的发展，并且也促进了江南私家园林营造技艺的不断完善，而后者所表现出的园林"山水画境"与中国传统山水画艺术所体现的民族文化底蕴相契合，并使这一中华民族所固有的"山水文化"在物质空间中得以千年传承。

中国山水画和江南私家园林共同经历了千百年的积淀，形成了各自独特的表现形式，但其之间的关联性却一直密不可分。欲窥探其关系之奥秘，需先辨析明确几个关键性的概念，即何谓"山水"、"山水画"、"画境"、"山水画境"、"园林山水画境"？

3.1.1 山水

"山"、"水"，初听之下感觉是生活中最熟悉的自然要素，没有什么可不理解、可辨析的。但是在园林的世界里，山与水不仅仅是为众人所熟知的自然风景，它具有物质层面、精神层面及哲学层面的深刻意蕴。从物质层面讲，山、水是自然地理范畴的山川、河流、湖海等，视觉效果极其壮观而富于崇高联想（图3-1），亦是园林中人为堆叠挖方所营造的人工山峦与水景，在似像非像之间透露出犹如真实山川湖海般的景观意蕴（图3-2）。

从精神层面讲，山对于古代中国人是神秘的，是令人崇拜的对象，是神仙的居所，是神的本身所在。水，是动态的，是自由的，水的波澜壮阔可以反照日月光辉，水的静谧可以参禅悟道。在古人眼中，水被视为道德指向，如同君子之道，面临艰险不畏惧，勇往直前，在任何情况下都会保持平衡状态，能伸能屈（图3-3）。

从哲学层面讲，山与水是中国儒道哲学的基本范畴，山的基本功能是刚性的，水的基本功能是柔性的。若山意味阳，那水则意味阴。山的哲学属性是静态的，宽厚的，仁慈的，富于容纳的；水则是流动的，冲击的，变幻的，富于创造的。正如孔子云："知者乐水，仁者乐山。知者动，仁者静。""山"、"水"何以喻"仁"、"知"，正是因为山的稳重与蕴藏恰似仁者的敦厚与给予，水之清澈与流动象征智者的明智与探索（图3-4）。

图3-1 秀美的贵州苗寨山水

图3-2 壮观的颐和园万寿山

图3-3 夕阳下的颐和园山水图景

图3-4 黄果树的静山动水

3.1.2 山水画

中国山水画是中国画的一种,描写的主要对象为山水自然景色,画法千变万化,并且因创作者及时代的不同而各异,其技法形式大致可有金碧、青绿、没骨、浅绛、水墨、焦墨等(图3-5~图3-10)。山水画是中国传统绘画的一个分科,它是以水墨的形式表现自然

图3-7 唐 杨升 画山水卷(没骨山水)

图3-5 唐 李思训 江帆楼阁图（金碧山水）　　　图3-6 南宋 李唐 红树秋山图（青绿山水）

图3-8 唐 董源 龙宿郊民图（浅绛山水）

图3-9 宋 郭熙 山村图（水墨山水）

图3-10 清 程邃 秋岩耸翠图卷（焦墨山水）

山水，通过绘画的形式表现人们内心对自然界大好河山的向往，传达人对大自然的审美意识与审美追求。中国山水画早期只是作为人物画的背景出现，从西汉《鸿门宴图》和北魏《鹿王本生图》壁画中可以看到描绘山、水、植物的图形，但并不是画面的重点，仅作为画面主体的陪衬出现（图3-11、图3-12）。经过历代的发展变化，在魏晋南北朝时期成为独立的山水画种，元代发展至高峰（图3-13、图3-14）。

图3-11 西汉 鸿门宴图（壁画）

中国山水画在表现上非常讲究构图和表达意境，讲究笔墨与气韵的表达，在观察方法上遵循"以大观小"或"走着瞧"的扩大视点的观察方式，并且更多地借助于观察者本身的思维来领略对象的整体气质和特征，追求其中的"道"和"理"。中国山水画在透视上带有很强的模糊性，在造型上强调"全神气"而略"形似"，造型手法为意象造型。作为对中国古典园林发展影响最大的画种，它也体现了中国人的审美意识与自然观，同时也反映了社会生活和国家的民族精神。正如罗一平在《造化与心源》中所述："中国山水画不仅仅是表达眼前的一个物理形象或者景致，而且要表现一个更为宽泛的甚至包含某些玄学方面意味的观念内涵。这种观念形象，是心灵的象征、人性的放牧，是主体自我心境的审美符号，更是人们通向终极目标——'悟道'过程中的一种情感经验与生命形式。"

图3-13 南朝 陆探微 归去来辞图

图3-12 北魏 鹿王本生图（莫高窟壁画）

3.1.3 画境

画境是创作者情感与描绘对象交融契合而形成的艺术形象以及这些艺术形象作用于欣赏者而产生的艺术联想的总和，并借助笔墨的形式语言构架生成。笔墨技法是基本的语言形式，在造境过程中以笔力、笔意、笔性来生成笔墨结构，不同的笔墨结构形成了不同的画境。这其中包含了实境、虚境的创造。实境是经过艺术加工后呈现在画作上的具象艺术形式，如山川、树木等；虚境则是画作中没有直接描绘出的，只是通过一定的笔墨、色彩暗示，引导观者联想、体会，从而在自己的精神世界中领略到更高一层的内涵意蕴。

画境的内容多种多样，如高古、寒窗、沉雄、冲淡、清远、典雅、自然、疏野、萧疏、清奇、清旷、旷达、平淡天真、飘逸等，较为

图3-14 元 赵孟頫 洞庭东山图

常见的造境手法有寒窗之境、萧疏之境与清远之境。寒窗之境：中国画境界塑造的极点。中国传统绘画的题材很多，但表现清冷、凄美境界的题材却受到了历代画家的偏爱。他们着意营造的或是雾笼秋水，或是烟锁寒林，或是雪覆枯树，或是霜天雁迹（图3-15）。萧疏之境：荒率枯寂之境。元代山水画，特别是倪瓒在其作品中创造了这一境界的最高典范。这种境界可以用枯、瘦、简、淡、劲几个字来概括其全貌（图3-16）。清远之境：清朗悠远的艺术境界。清，清新、洁净、清朗、清雅；远，平远、开阔、无际、空茫（图3-17）。中国画家十分重视精神上的逍遥自在也是由于受老庄哲学的影响。因此，如张孝祥在《念奴娇·过

图3-15　宋　郭熙　雪山图轴　　图3-16　元　倪瓒　秋亭嘉树图

洞庭》中所描述的"玉鉴琼田三万顷，著我扁舟一叶。素月分辉，明河共影，表里俱澄澈。悠然心会，妙处难与君说"的澄澈、悠远之境深受画家喜爱。

3.1.4 山水画境

中国山水画审美旨趣的独特之处在于其"物象生境"的高深境界。这里的"境"是事物所达到的程度或表现的情况，如思想境界、理想境界等，是中国古老的哲学文化与中国画独特的表现手法结合而达到的境界，是中国人所特有的思维模式与形式语言。在"物象生境"的表达过程中，创作主体将自己的内心情感与现实生活相结合，使山水画的艺术形象升华到传神、达境的层次，即"物象"的"意化"，最终形成"物象生境"的山水画境界。

山水画通过不同的描绘对象、景色风貌、地域特征、形式语言创作出了具有不同意境特征的山水画作品。不同的表现手法、各异的景象呈现会给观者带来不同的想象，绘画通过对意的表达而形成不同的境界，如山水绵延、局部意趣、深邃幽远、远大崇高等山水画境。

山水绵延之境是山水全景风貌的表达手法。唐代画家董源擅全景山水，在他的山水画座屏中以横幅平远构图居多，此构图方法在扩大空间的同时也使画面的横向方面变得较为丰富，具有层次的变化，山的质感也表现得淋漓尽致（图3-18）。

局部意趣之境突出的是在有限的表达内容中体现出场景的精致与小巧，常以山的一角，或近景，或园景局部为主要表现对象，构图考究、视角独特，远景烘托近景起背景的作用，近景与远景产生强烈的虚实对比与层次变化，使人产生无限的遐想（图3-19）。

深邃幽远之境代表了由近山望向远山的深远境界，多采用深远构图法，近实远虚，层次丰富，远景隐约而无消失殆尽之感，使人产生望山而思的境界（图3-20）。

远大崇高之境是利用高远法表现的雄伟、崇高的意境，高代表以仰视观望的人为视点位置，远则表现为注目长空的崇敬之情（图3-21）。

图3-17　元　赵孟頫　重江叠嶂图

3.1.5 园林山水画境

孙筱祥先生在《生境·画境·意境——文人写意山水园林的艺术境界及其表现手法》一文中这样写道:"宋朝画家郭熙说:'千里之山,不能尽奇,百里之水,岂能尽秀……一概画之,版图何异?'钱泳(江苏人)在《履园丛话》中说:'造园如作诗文,必使曲折有法,前后呼应,最忌堆砌,最忌错杂,方称佳构。'中国园林的造景,虽然取材于自然山水,但并不是像自然主义那样,把具体的一草一木,一山一水,加以机械模仿,纤毫不差。江苏遗存的古典园林的假山和造景,并不是附近任何名山大川的具体模仿,而是集中了天下名山胜景,加以高度的概括和提炼,力求达到'一峰则太华千寻,一勺则江湖万里'(文震亨《长物志》)的神似境界。这种大自然的景色经过取舍、概括和艺术加工以后而得到的美,已经在原始的美中注入了艺术美,这就是'画境'。"可见园林山水的画境产生于造园的全部过程,造园者通过选取自然山水中美的因素与形态,参照山水画作的创作意境,运用造园的艺术手法对其进行提炼概括,使之满足江南园林的内部尺度,使园林具有自然山林的特性,同时形成一种比自然山水景物更高的艺术境界。"虽由人作,宛自天开"是《园冶》中对传统园林造园高深境界的凝练描述,造园之全部取自于自然山水,而又无一物一景是单纯地复制再现自然中的真实景色,追求的是"一峰则太华千寻,一勺则江湖万里"的造园境界。园林营造中,利用概括提炼的手法,凝聚自然山水的精华及特征,将其物化于园林山水景观之中,得到中国山水画一般的艺术境界。

3.2 寄情笔墨而纵情山水

江南私家园林素有"立体山水画"的美誉,山水画是私家园林营园造山水的"图纸",是其营造的范本。"以画入园,因画成景","一切园事皆是绘事","时遵图画"等

江南私家园林之山水意境营造

（a）南唐 董源 山水图卷及局部（右半部）

第 3 章 山水营园的映画情源

江南私家园林之山水意境营造

(b) 南唐 董源 山水图卷及局部（左半部）

图3-18 南唐 董源 山水图卷及局部

第 3 章　山水营园的映画情源

图3-19 宋 郭熙 窠石平远图

各类园林理论著作中对造园的描述都说明了这一点。私家园林的发展历程与山水画的发展有密切的关联。私家园林伴随着中国山水画的成熟而成熟,并且随着中国山水画在不同时期特点的变化而变化。中国传统山水画的发展是私家造园艺术的兴起和发展的诱导因素,然而,后者的兴盛又极大地推动了前者的发展。山水画是用"笔、墨"在二维纸面表现自然景色,经营空间艺术;园林则将纸面的艺术及美学追求付诸实践,将时空融入空间艺术,形成具有诗情画意的风景式、自然式的山水园林艺术。笔墨山水与山水营园在中国历史上有着密不可分的关联性。

3.2.1 追根溯源,一脉相承

从山水画和中国古典园林的发展历史的角度看两者的关系,在奴隶社会早期,即周、秦之前,生产力相对落后,民众生活贫苦,人们的精力主要都放在了温饱问题上,加之当时的统治者的奴化教育和高压专制政策,人们无暇也无能力追求建筑及园林的建设和享受,仅有极少数的贵族统治阶层为满足自身享受及高高在上的地位象征,开始筑台建苑,但未成体系,发展缓慢,多以秀美的自然山河为园林场所,这一时期的造园活动以建筑营造为主,园林营造还停留在完全依赖自然环境的阶段(图3-22~图3-24)。传统绘画亦是如此,成为宫廷的专属,作品多以人物或动物为对象,而山水风景则仅作背景(图3-25)。至魏晋南北朝

图3-23 南宋 赵伯驹 汉宫春晓图

图3-20 元 倪瓒 虞山林壑图　　图3-21 五代 巨然 秋山问道图　　图3-22 南宋 赵伯驹 阿房宫赋

时期，社会动荡，战事频发，儒道思想开始成为主导思想，在民间已形成及时行乐的享乐之风，造园活动较为频繁，专以山水风景为题材也形成于此时。古典园林进入一个快速发展的时期，并且出现了私家造园的行为，成为私家园林早期的雏形，并且多会参考绘画题材进行造园，二者共同发展的背景就此形成。

图3-24 元 李容瑾 汉苑图

唐、宋是中国社会政治、经济、文化高度稳定及发展时期,涌现出了大批优秀的画匠及造园师,山水画盛极一时,同时造园也更加普及,尤以江南地区的私家造园最为突出。自此之后,山水画与园林的发展从风格到内容均呈现互通互进的态势,均体现出明显的时代特征。当然,山水画和园林的发展并非完全吻合,也有不同甚至相悖的方面,然而因为二者需要的文化背景相似,义理相通,所以整体发展趋势保持了一致。

对比《中国古典园林史》和《中国山水画史》的研究亦可发现两者间的共通性。依据《中国古典园林史》中对古典园林发展时期的分类,可分为生成期(殷、周、秦、汉)、转折期(魏、晋、南北朝)、全盛期(隋、唐)、

(a)晋 顾恺之 洛神赋图及局部(右部)

第 3 章 山水营园的映画情源

(b) 晋 顾恺之 洛神赋图及局部（中部）

(c) 晋 顾恺之 洛神赋图及局部（左部）

图3-25 晋 顾恺之 洛神赋图及局部

成熟期（宋、元、明、清初）、成熟后期（清末）五个大的历史阶段；《中国山水画史》中将山水画的发展历程分为山水画的产生（魏晋时代）、山水画的停滞发展和突变（六朝后期至隋初，隋至唐初，唐中）、山水画高度成熟并居画坛之首（唐末、五代、宋初）、山水画的保守复古和变异（北宋中，后期）、抒情写意山水画的高峰（元）及派别林立时期（明清）六个阶段。对比二者的发展过程可以发现山水画产生于私家园林兴起的魏、晋时期，私家园林繁盛发展时期正是中国山水画空前繁荣、高度成熟的时期等等十分对应的关系。因此，从历史角度看，山水画的发展和变化对私家园林产生了重要的影响，尤其对江南私家园林的发展具有重要的意义。

3.2.2 绘山理水两相宜

画者，有着良好的艺术修养和审美能力，加之其对自然景色的长期观察和记录，使之成为对自然山水景色理解最为深刻、最具再创造能力的人，自然而然也就成了山水造园中最为活跃的人群，甚至自身就是造园者。正如童寯先生所言："一个好的造园家必须是一个优秀的画家。"中国历史上身兼双重身份的艺术家不在少数：隋炀帝杨广诗画双全，营西苑一建离宫，开运河，修长城。唐朝有王维修辋川别业（图3-26）；白居易造履道坊宅园、庐山草堂、渭水别墅，卢鸿一的嵩山草堂。宋徽宗赵佶善于绘画，喜爱苑囿，筑寿山艮岳（图3-27）。元代的倪瓒擅淡雅山水画，与朱德润、赵善长、徐幼文共同策划了最初的狮子林（图1-11）；俞子清营造俞氏园，院中假山奇俊秀美，闻名天下。明代，文震亨乃画院山水画师（图3-28），设计拙政园并著有《长物志》一书；米万钟的山水画继承了倪瓒的技法，善于画石，勺园、湛园、漫园均出自其手；计成是世界最早造园巨著《园冶》的作者，好书画，筑有影园、东第园等；林有麟，擅山水，着意奇石，著有《素园石谱》一书；顾仲瑛，绘画世家，因画造熙园；李长蘅，因其文章书画而闻名天下，其所居檀园更是处处皆画意；王世贞，著有多部绘画及园林著作，如《画苑》、《艺苑卮（zhi）言》、《游金陵诸园记》、《娄东园林志》等。清代，张涟以绘画、叠石而闻名，参与横云山庄、豫园、乐郊园、拂水山庄、竹亭湖墅、鹤州草堂、南园、西园、梅园、藻园、东园等园林假山的营造；张然，精于堆图叠石的技法，瀛台、玉泉山、畅春园等皇家园林的假山均出自其手；李渔，著有造园名著《一家言》，修建伊园、半亩园、芥子园等名园；道济，画作构图巧妙，笔墨传神，描绘精妙，著有《石涛画语录》，并建造了余氏万石园和片石山房；另有曹雪芹著《红楼梦》描绘大观园并评论造园诸事，袁枚筑随园，庞虚斋构宜园等，均是诗画构园的代表。

由此可以看出画家与造园家的身份是分不开的，两者具有不可替代的共通性。山水画相当程度上扮演着中国古典园林"设计图"的角色，以画本构园，已成为造园的惯例，根据明代画家文徵明的山水画作与其设计绘制的拙政园图的比对即可看出山水画对于园景布局的影响（图3-29～图3-32）。在长期造园实践中，许多画家成为造园专家、叠山理水的大师。文人画家把绘画中的写意思想融入园林建设当中，增强了园林景色的意境美。可见，中国古典园林创作者的文人画家身份无疑提升了园林的艺术境界和造园品位。

3.2.3 因山情水意而激发的艺术创作

中国传统自然观始终秉承着对自然美的尊重和向往，这是传统山水画和古典园林创作的出发点。山水画和园林创造始终围绕的主题即是如何欣赏自然美、表达自然美、优化自然美及升华自然美。两者都是以一种艺术化的表达方式反映特定时期和环境中人与自然间的理想关系，传达给外界的是创作者对自然环境及生活方式的态度。这种思想态度又是随着社会、时代和人的发展而不断变化，逐渐积累成型的，从最初将自然界的山水万物神灵化以表达对大自然的崇拜甚至畏惧，到受儒道学说影响，开始将人"比德"自然，从自然山水中悟人间道法，逐渐拉近人与自然的关系。魏晋南北朝时期，山水画以独立画系出现，私家园林肇兴，艺术化的山水观最终以一种独立完整且特殊的审美标准出现，影响了之后千年的山水画与园林创作。"肇自然之性，成造化之功"是对山水画自然观的表述，"虽由人作，宛自天开"则是对园林创作表达自然美的最高标准，二者在创作标准上的统一，源于创作思想的共通。

山水画和中国古典园林都是将自然中的景物进行艺术提炼、集中、概括和典型化，从而创造出与现实生活相融合、人与自然和谐相处的艺术形式。山水画和园林都在以朴素的自然美作为审美评价的标准，取材自然、再造自然，但境界高于自然本身。顺自然之势、不造虚作假、返璞归真成为自然美学思想内涵的延伸。作为中国传统美学思想的核心——传统自然山水观成为山水画和园林创作的共通思想来源。这正是山水画境和园境能够共通共融的根本之所在。

山水画在创作中不局限于视觉所看到的有限物象，而是要在有限的元素和画面中创造出无限的想象空间。自然山水园的构建深受山水画的影响，将山水画的意境以情景交融的形式体现在园林的创作中，按图造园，将二维的绘画三维物化在庭园空间内，"石令人古，山令人静，水令人远，泉令人清；竹直而心虚，松苍劲刚健，梅花凌寒开放"等"比德自然"、"悟道山水"的手法因此融入到了山水画和园林的意境营造中（图3-33）。绘画讲究构图，造园讲究布局，而这其中的"构图"与"布局"都是创作者精心设计而来的，目的在于创造出"外足于象，而内足于意"的"意象"。自然景物通过拟人化而被赋予了某种品格特征后，不再是孤立的客观物体而是人们托物寄兴、借景抒情的审美对象，情景交融、意境融合，主客观之间形成相互感应交流的关系，深化了山水画与园林的意境，增强了艺术感染力，因而出现了画中有景、景中有画，画园相融的现象。景物的形象与创作者的情思相互交融，形成充满感情色彩的全新形象。观赏者可以从作为审美客体的意象中获得更高层面的审美快感，即"意

江南私家园林之山水意境营造

图3-26 元 赵孟頫 辋川诸胜图

第 3 章 山水营园的映画情源

境"感受,这是一种"象外之象"、"景外之景"。画境和园境不仅反映了大自然的风光美景,也蕴涵着创作者对人生的感悟和哲理。

3.2.4 以画托志,以园寄情

山水画与园林的创作过程均是取材自然的艺术再造过程,在这一过程中,创作者将与自己喜好和品性相符的内容保留,并加以意象化处理,从而在作品中得到符合自我心境需求的理想化图景,这正是"于天地之外,另构一种灵奇"的妙作所在。山水画和园林满足的不仅仅是对物象或生活功能的追求,更重要的是满足创作主体对精神慰藉的追求。山水画将创作者心中理想的山水图景借助二维图面媒介记录并表现出来,比起在实体三维空间内进行园林创作要更易于实现和传播,因此山水画理论的产生就早于园林理论。也正因此,山水画所承载的理想化的山水图景成为当世或后世人们心中所追求的理想环境,成为世人营园造山水的设计图纸,才出现了符合"主峰最宜高耸,客山须是奔趋。回抱处僧舍可安,水陆边人家可置……路接危时,栈道可安于

图3-27 元 房大年 京都寿山图　　　　　　　　　　　　图3-28 明 文震亨 山水立轴

此","山水林泉清闲幽旷,屋庐深邃,桥舟往来,石老而润,水淡而明……松偃龙蛇,竹藏风雨。山脚入水澄明,水源来历分晓"(图3-34)等画论情景的园林作品。背山面水、绿植岸边、岛浮水中、秀石邻伴等完美的山水场景成为文人雅士在绘画和园林创作中所共同追求的理想景象,作品中流露出了创作者怡情山水、隐世悟道的精神诉求,这也是绘画者与造园

图3-29 明 文徵明 山水立轴局部

图3-30 明 文徵明 绿荫长话图局部

图3-31 明 文徵明 拙政园图之小飞虹

图3-32 拙政园小飞虹

者在精神层面沟通、交流、融合的原因所在。

人对山水美的追求最初源自于视觉感官的反应，这是纯粹的物象外观天然美的享受，而后这种审美被赋予了人的理性理解，使自然美产生了感情色彩，我们称之为意境。对于这一审美旨趣的追求，主要体现在创作中各构成要素之间的协调美上，并且常常以社会现象作类比，形成以情观物的审美思维方式。以情观景缩小了人与自然的距离，使得两者具有亲切感。文人士大夫们通过山水画、山水园的创作把自己的情思寄托于山水，以达到怡情悦志的目的。"智者乐水，仁者乐山；智者动，仁者静；智者乐，仁者寿"，

图3-33 明 文徵明 古木寒泉图

图3-34 明 唐寅 杏花茅屋图

既包含了自然山水之美，又蕴涵着对仁、智的赞美，儒家"比德山水"的思想正是对画者和造园者"怡情山水"最好的表达。"高山流水"、"海纳百川"自然而然地就成为君子所追求的高贵品德。"得其性情，山便得环抱起伏之势，如跳如坐，如俯仰，如挂脚，自然山性即我性，山情即我情。""君子之所以爱山水者，其旨安在？丘园，养素所常处也；泉石，啸傲所常乐也；渔樵，隐逸所常适也。"可见绘山造水的重点不在于对表象的模拟，追求的是山水性情的表达，创作主体所向往的是即使身处凡世，亦能在自己独有的咫尺空间内享受"俯仰山林之下"、"坐拥山林"（图3-35）的精神愉悦。借助绘画和园林来实现自我心境和精神的追求成为一种有效的途径，在自己的宅院中欣赏晨昏晴雨、四季交替的自然变化之美，怡情于山水，这成为他们远离尘世烦扰，追求自我价值，参悟人生的媒介。

隐逸对山水诗、山水画及造园的发展都有着深远的影响。正如前文所述："天下有道则见，无道则隐"，"用之则行，舍之则藏"，儒家隐逸思想的核心理念既讲明了隐居的原因，也指出了隐逸的时机。"一生几许伤心事，不向空门何处销"，"木末芙蓉花，山中发红萼。涧户寂无人，纷纷开且落"，"独坐幽篁里，弹琴复长啸。深林人不知，明月来相照"，"幽人即韵于松寮，逸士弹琴于篁里"等描述充分说明了园林宁静以致远的清幽环境，充满了禅意和人生哲理，园林成为文人士大夫们修身养性、参禅悟道、治学读书的最佳场所（图3-36、图3-37）。正所谓"咫尺之图，写千里之景。东西南北，宛尔目前"，山水画与园林成为契道修养的最佳途径。文人士大夫们仕途不顺以及对山林生活的向往，成为山水画和江南私家园林存在的基本价值。"天地闭、贤人隐"的思想，又给予了隐士很高的评价。在这些思想的影响下，隐世悟道逐渐成为绘画山水和营建园林的共同追求。

3.2.5 画论园论，互融互通

虽然山水画作为独立画系出现晚于园林的出现，但是绘画理论专著的出现却要早于造园理论专著。早在东晋时期，顾恺之就著有《论画》一书，比《园冶》问世早了一千多年。所以，造园活动，尤其是私家造园最初的理论都是来自于画论，或者说是受到了绘画理论的启发。如南朝宗炳在绘画理论《画山水序》中写道："以形写形，以色貌色"，指出在山水绘画中应尊重自然山水景色本身所固有的形态和色彩，这是自然观中尊重自然、再现自然的首要目标，与造园精神不谋而合。还有"夫以应目会心为理者，类之成巧，则目亦同应，心亦俱会。应会感神，神超理得……"所说的是绘画者不能仅仅追求物象上对山水景色的描写，不可仅以看到的内容来简单地复制自然之景，更重要的是用心去体会自然景色的深层内涵，即心中要"悟道"自然而后绘"画境"，这样才可利用构图的高明、技法的巧妙与观画之人产生共鸣，使绘者之所想为观者之所思，绘者之所悟为观者之所感，这恰似园林意境营造中所

图3-35 狮子林山林隐逸之景

图3-36 宋 马远 松荫玩月图

图3-37 宋 马远 秋江渔隐图

追求的境界一般。

还有清代问世的《芥子园画谱》，可谓是流传广泛、影响深远、孕育名家、施惠无涯者的画坛巨著，其中详细记述了山水画的基本技法，对山、石、竹、树、桥、水等山水景观要素的画法均有详细记载，如"云林于石根树底，辄作幽篁柔筱，夕阳晼晚于茅屋花箈间，真簌簌有声，望而知为幽人行径，要具梳风扫月清逸之致，不可庞杂，阻塞清气……"是对画"竹"技法的描述，描绘出了竹林所在位置、动态、质感，竹林与建筑的配合，林间氛围的营造等重点，适用于

图3-38　明　金湜　双钩竹图　　　　　图3-39　狮子林建筑角隅竹石小景

绘画，更适用于园林营竹景（图3-38、图3-39）。还有"平板桥宜于杏花杨柳；蜂腰板桥宜于山河近岫；驼峰桥画宜于近江支港，水虽小而实可行舟者；曲板桥宜于回波曲水，因势倚石；齿缺板桥宜于古镇荒塘，寒村积雪……"对"桥"的样式、形态、适用环境及景观配合等给出了系统的描述，对于园林中桥景的营建具有极高的指导意义。此外，南齐谢赫在《古画品录》（又名《画品》）中提出的品画"六法"，北宋郭熙的《林泉高致》，唐代张彦远的《历代名画记》，五代荆浩的《笔法记》，这些作品中记载的山水画论对园林艺术创造的影响在江南私家园林中都可寻得踪迹。

即便在专门记述园林营造的著作中亦能发现与绘画相通的原理，如：计成在《园冶》中记述的"竹里通幽，松寮隐僻……"与王维在《山水论》中描绘的"有路处则林木，岸绝处则古渡，水断处则烟树，水阔处则征帆，林密处则居舍……"《园冶·掇山》中的"假如一块中竖而为主石，两条傍插而呼劈峰，独立端严，次相辅弼，势如排列，状若趋承"与《山水诀》中的"主峰最宜高耸，客山须是奔趋，远山须要低排，近树惟宜拔迸……"文震亨《长物志》中"一峰则太华千寻，一勺则江湖万里"与李日华《竹懒画媵》所述"以一点墨，摄山河大地"等。园林理论与绘画理论的描述均有异曲同工之妙，可谓是绘画造园两相宜。

第4章 山水图景的建构理法

中国古典园林与山水画的共通性充分说明了在多数情况下两者所遵循的审美标准和创作标准是一致的，并且有着相同的创作心理。画家对画面的布局，造园者对空间及景观元素的组织，都是创作者主观能动性的反映，也是山水画和园林创作手法产生互动的基础。造园者可借由山水画认知园林中山、石、水、植物、建筑等要素的构成关系及布局，理解自然山水景观的美学关系，反之，园林自然山水景观所呈现的视觉享受和画境体验亦可为山水画的创作带来灵感。江南私家园林由园路引导景点变化，景点的创作依据山水画的作画手法对各个景观要素采取不同的艺术表现手法，形成了变化多端、丰富多彩的园林景观效果，共同形成了完整的园林图景。图景所表达的境界，是造园者在造园过程中，根据使用主体的立意，依据美学标准，将建筑、山石、水体、树木等实物要素进行组合表达，创造出可以直接感知的园林空间，并且使人在游赏中产生如临自然山水般的画境感受，即园林中的山水画境营造过程。

4.1 山水图景的立意

何谓"立意"？唐代王维《山水论》记述："凡画山水，意在笔先。"唐代张彦远《历代名画记》记述："顾恺之之迹，紧劲联绵，循环超忽，调格逸易，风趋电疾，意存笔先，画尽意在，所以全神气也。"（图4-1～图4-3）清代邹一桂《小山画谱》记述："意在笔先，亦少不得一笔。"清代王原祁："如命意不高，眼光不到。虽渲染周致，终属隔膜。"以上经典画论的描述，说明立意在山水画创作中是至关重要，也是创作的第一步，要在创作之初对描绘对象有清晰而透彻的认知，这种认知既包括对象的物质实体形象认知，更重要的是创作人心理主观的情感认知。

创作者要明确自己所要表达的核心内容和思想是什么，才可运笔行云流水，画作方可形意双全，正所谓"笔未到，意先成"。山水画不能只是简单地模仿再现自然物象，而应是"外师造化，中得心源"的艺术化创造过程，是对自然进行概括、提炼、升华后凝练出的具有独特性格特征的美学作品，从沈周所画《庐山高图》及《虎丘送客》中并没有刻意追求真实的庐山和虎丘的自然外观表现，而是对庐山的高逸及虎丘的秀美进行传神的意化表达，所谓"夫象物必在于形似，形似须全其骨气，骨气形似皆本于立意而归乎用笔"即

江南私家园林之山水意境营造

图4-1 东晋 顾恺之 女史箴图

为此意（图4-4～图4-7）。因此，立意远比笔墨间的技巧花活要重要得多，动笔之前心中已明确画作要表现的主题思想，"高古、寒窗、沉雄、冲淡、清远、典雅、自然、疏野、萧疏、清奇、清旷、旷达、平淡天真、飘逸……"已跃然心中，心意随笔而绘于纸面。心动笔动，意随笔出，这也正是传统山水画具有无限想象空间和精神沟通的原因所在。立意是作画的基础，是山水画创作之本，立意的高低深浅决定了作品的优劣雅俗。绘画如此，造园亦是如此。

造园中的立意是确立主题的过程，是决定园林成败的关键一环，立意不仅要根据园主的营园意图、品性雅好、功能需求等来明确园林景物的重点和特征，更要在营园之初依据基址的自然环境特征进行"因地制宜"的统筹规划，以满足物象和意象的共同营造。正如《园冶·相地》中所说："凡造作必先相地立基，然后定其间进，量其广狭，随曲合方，是在主者，能妙于得体合宜，未可拘率。"造园立意恰当，方能相形度势，顺理成章。江南私家园林在营造之初，很多是依据山水画的立意来造园和营建园林景象的，如"山要环抱，水要萦回"就是江南私家园林营造中处理山水关系最为经典的立意法则。明确合理的立意，使得江南私家园林能够"因任自然，随机应变"地再造"第二自然"，并且达到了浑然天成、不着人工痕

图4-2　东晋　顾恺之　斫琴图

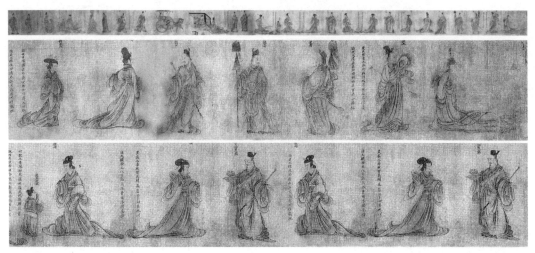

（a）东晋　顾恺之　列女图及局部（右半部）

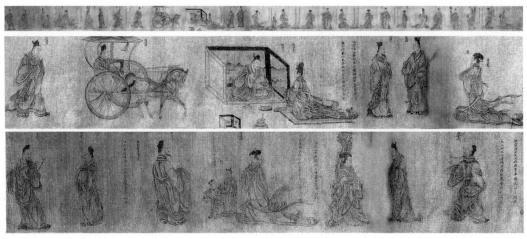

（b）东晋　顾恺之　列女图及局部（左半部）
图4-3　东晋　顾恺之　列女图及局部

图4-4 明 沈周 庐山高图

图4-5 庐山烟云

迹的高深境界。拙政园依山水之势远观北寺塔，消隐了院墙的边界，深化了园林的景深，使园之内外融为一画，近、中、远的景观层次更是令画境意蕴延绵（图4-8）。寄畅园，引泉水于惠山，辅以假山林木，与远山相得益彰。锡山、惠山虽不在园中却胜在园中，使本来只有两亩半的窄长地段，看上去景物层叠，深远无限，突出了借山建园的立意思想（图4-9）。经典案例不胜枚举，狮子林的山石之趣，网师园的水意绵延，留园的小中见大……凡闻名于世之园作，营园之初必已心中明确基址之特征，得主人之喜好，山水之貌，山水之意，已形于心。

4.2 景面建构

构图是现代绘画对组织画面及空间的描述，是创作者为了实现"立意"所设想的效果，在限定的空间或画面内组织和处理艺术元素的位置及关系，把独立的构成元素合理组织成完整的艺术形象。绘画如此，造园亦如此，中国传统山水画及造园中的"章法"、"布局"、"格局"均为构图所涉及的范畴。中国传统山水绘画在构图上讲究"置陈布势"、"经营位置"，自然界

图4-6 明 沈周 虎丘送客图

图4-7 虎丘幽涧

图4-8 拙政园借景北寺塔

图4-9 寄畅园深远之境

中的山水物象等因素多到无法计数，时时刻刻都在变化，且还存在着时间和空间上的矛盾，何以在咫尺画面中将这无限的、变化的、矛盾的且瞬时的思想感悟记录下来呢？构图即是处理这一问题使画面取得和谐、达到平衡、得到辩证统一的过程。通过精心处理画面的开合、宾主、疏密、虚实等关系，将孤立的、局部的形象元素依据艺术规律有机地组合起来，形成符合审美标准的组织结构，创造出具有生命力和感染力的艺术作品，以此表达出创作人"立意"的思想内容。

山水画中讲究开合、宾主、呼应、浓淡、疏密、虚实的构图处理，这些构图法则均是取景致之精华、去无用之糟粕的过程，强调画者要着眼于整体，在大局控制上达到位置合理、关系协调、局势稳定，方可细微刻画局部，以表达出山水体系的清晰脉络。如宗炳在《画山水序》中记载："且夫昆仑山之大，瞳子之小，迫目以寸，则其形莫睹，迥以数里，则可围于寸眸。诚由去之稍阔，则其见弥小。今张绢素以远暎，则昆、阆之形，可围于方寸之内。竖画三寸，当千初之高；横墨数尺，体百里之迥。"（图

图4-10　明　戴进　关山行旅图

4-10、图4-11）它讲述的就是近大远小的透视变化，处理宾主、虚实关系，在方寸纸面上绘出千里山川之势的构图法则。

园林的造园布局与山水画的造境关系密切，山水画论中经营位置的思想渗透在江南私家园林造园的整个过程中，既是二者艺术追求上的共通性体现，也是画者多为私家园林设计者的原因所致，园林中的山水景致处处透露着绘画的艺术气息，山水画论的布局、章法在有限的园林空间里营造出了意境无限的风光景色。宋代山水画大家郭熙在《林泉高致》中记述："山以水为血脉，以草木为毛发，以烟云为神彩，故山得水而活，得草木而华，得烟云而秀媚。水以山为面，以亭榭为眉目，以渔钓为精神，故水得山而媚，得亭榭而明快，得渔钓

图4-11　清 石涛 黄山图卷

而旷落，此山水之御置也。"（图4-12）它讲述的是绘画中各个要素间的脉络关系及构图原则，实则也脱出了造园中山、水、草、木、建筑等构园要素的营造关系，可直接用于园林布局的设计中。无独有偶，清代画家汤贻汾（雨生）在《画筌析览》中记述："山为体，石为骨，草为毛发，水为血脉，烟云为神采，寺观、村落、桥梁为装饰。"这说明了山水画中以自然景色为主，其他元素为宾的理法关系，这也正是影响中国古典园林的自然观的核心所在，也为园林创作指出了构建格局。

通过运用山水画论中散点透视、三层三远、开合起伏、宾主相辅、虚实相应、藏露互补、疏密相间、曲折有致等章法进行景面的布局，组织园林空间，使林林总总的山、水、树、石、屋、桥、廊等构园要素在有限的空间内达到和谐统一，使园内一木一景皆成画，既有审美的愉悦，又有精神的陶冶，可谓人在景中行，画在心中映。

4.2.1　景面连续，动态布局

西方绘画注重写实，与相机取景方式相似，既定视点所见即所绘，依据成角透视的原理，如印象派大师莫奈于1873年创作的《秋天的塞纳河》（图4-13）、1881年创作的《罂粟田》（图4-14），其画风虽为印象派，

图4-12　宋 郭熙 秋山行旅图

不同于写实派对于视觉场景绝对真实地再现，但取景、构图都是符合正常视觉和视角感受的定点透视，属于静态的定格式构图。而在中国传统山水画中，采用的是"散点透视法"，创作者的视觉焦点不再局限于一个取景区域，而是把目光同时投向各处，它没有消失点，创作者依据自己的绘画意图，随着观察点不停地运动，所看到的不同东西来组织安排画面，打破了焦点透视只从一个视点去截取景物的局限。

散点透视法具有将不同时间和空间的山水景色绘于同一画面之内的特点，可缩千里江山于尺幅之中，具有在方寸之间展现千里河山的震撼视觉效果，画面是无限的、流动的、连续的，更像是用绘画记录游览山水的视觉和心理感悟的游记，这与画境创作的初衷十分吻合。如南唐董源的《山水图卷》（图3-18）、明代文徵明的《桃源问津图》（图4-15）、宋代王希孟的《千里江山图》（图4-16）、元代王蒙的《太白山图》（图4-17）、明代仇英的《上林图卷》（图4-18）、沈周的《西山纪游图》（图4-19）、清代张若澄《静宜园二十八景图》（图4-20）等画作都是以卷轴的形式，将多组山水景象连续地布局在整个卷轴内，从不同角度观赏山水的

图4-13 莫奈 秋天的塞纳河

图4-14 莫奈 罂粟田

图4-15 明 文徵明 桃源问津图

（a）宋 王希梦 千里江山图及局部（右半部）

（b）宋 王希梦 千里江山图及局部（左半部）

图4-16 宋 王希梦 千里江山图及局部

第4章 山水图景的建构理法

图4-17 元 王蒙 太白山图

(a)明 仇英 上林图卷及局部(右部)

105

江南私家园林之山水意境营造

（b）明 仇英 上林图卷及局部（中部）

（c）明 仇英 上林图卷及局部（左部）

图4-18 明 仇英 上林图卷及局部

第4章 山水图景的建构理法

图4-19 明 沈周 西山纪游图

（a）清 张若澄 静宜园二十八景图及局部（右半部）

（b）清 张若澄 静宜园二十八景图及局部（左半部）

图4-20 清 张若澄 静宜园二十八景图及局部

变化而将其表现在一幅图中，不是一个静态观点的定格，而是一系列透视点的构成，这种时空运动并不是平均的，在移动中往往有若干停驻，停驻处往往是画的写实处、节奏上的重拍，画家在此作较为详细的描绘，以便逐渐展开、丰富、深化，随着画卷的展开，山峦排叠起伏，江河蜿蜒辽阔，丛树竹林，寺观庄院，桥亭舟楫，繁密不可胜数。移动处则为虚处，将各个组景重点联系为一个整体，节奏缓急有致，使画卷表现出山水的动态连续的风景构图，而不是静态的孤立空间。正是由于运用了这种独特的透视方法，才使山水画表现出了大自然山水的整体气势，超越人眼的局限，在有限的空间内表现出咫尺千里的无限境界，在画面中更加注重对于意境的表现，无限伸展客观外在的景物。

园林艺术同样是时间与空间的综合艺术，是连续的、动态的风景构图形式，因此山水画散点透视法处理时空序列的理论，对古典园林布局具有重要影响，对景区的组织，近景、中景、远景的组合，季相变换的安排具有重要的意义。江南私家园林，没有明显的轴线，没有严格的对称，没有几何造型之类的痕迹，它是连续的、动态的风景构图形式，以连续的游赏路径构成连续的风景序列，园林中每一个局部景点，当游人驻足而望时，其感受到的景色与空间，与绘画的静态构图基本相似，正如画作中的"重拍"环节。但当游人沿着主要观赏路径进行观赏时，立体的山水画卷便步移景异、气象万千地向人们展开，形成了运动的、无灭点的景观，并以有限空间、有限景物创造无限意境，这与中国山水画以运动为视点的散点透视规律基本是一致的，使得整个园子的游览过程犹如欣赏一幅山水长卷。

江南私家园林以无限的、流动的空间，汲取了大自然真山真水的精华，在有限的面积里表现了丰富的景色，创造了无限的意境美，这种来源于画作的透视法是一种极为自由自在的形式，它反对机械地模仿自然，不仅使园林空间的组织更加灵活，可创造出更加丰富多变的空间形式和景观体验，也是园林画境创作的重点所在。例如苏州留园，它的内外空间联系密切，建筑空间变化无穷，沿着观赏路线，移步换景，就像在观赏一幅山水画（图4-21）。一进入

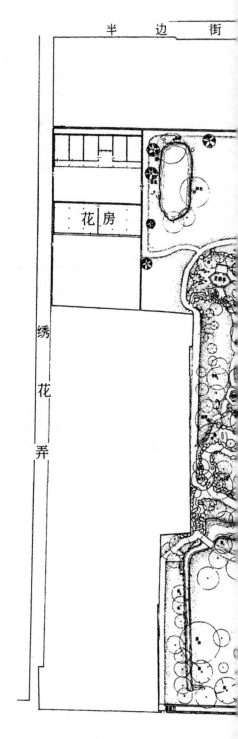

第 4 章　山水图景的建构理法

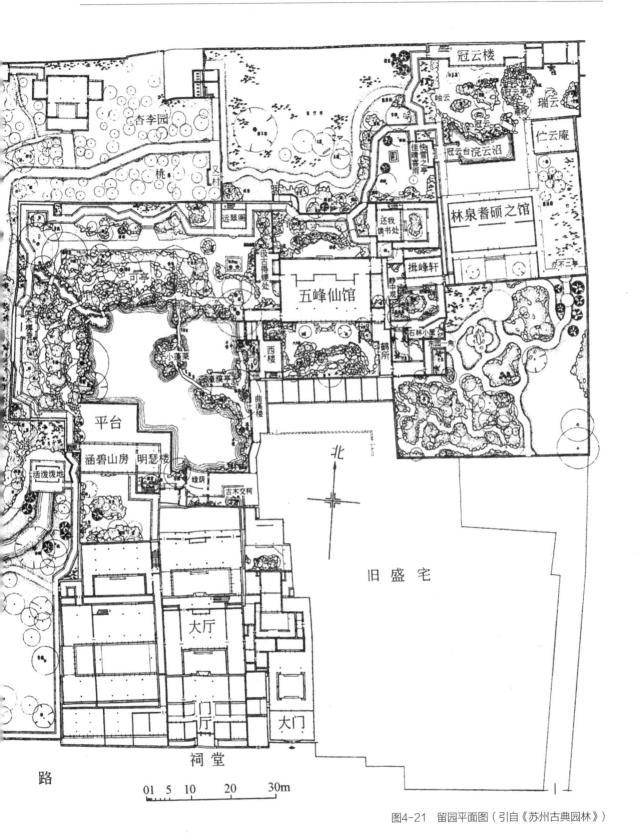

图4-21　留园平面图（引自《苏州古典园林》）

图4-22 留园入口窄廊

图4-23 留园入口区域框景

图4-24 由绿荫观留园中心景园——西园

园门，先经过一段狭长、迂回而富于变化的曲折走道，透过漏窗可看到若隐若现的湖光山色，使人的视野受到约束（图4-22、图4-23）；直至中部水景，空间豁然开朗，驻足"绿荫"，北观园景，山水亭楼、树木掩映，成为全园景色最好的区域，为构图中的"重拍"所在（图4-24、图4-25）；经过一段较封闭的窄巷后来到五峰仙馆，这里树木蓊郁，成为构图中的又一停驻处（图4-26~图4-30）；继续向东，穿过曲折的回廊至石林小屋等一连串的小空间，院落变化无穷，视野再次受到局限，直至以林泉耆硕之馆为主体的东园，视线再次开阔，成为构图中的另一"重拍"（图4-31~图4-35）；向北由曲廊向西可以直接返回园的中部水景区域，完成一个连续的循环（图4-36~图4-38）。留园通过环环相扣的空间处理形成了一组组错落相连、层次丰富、动态连续的空间体系（图4-39）。

4.2.2 景深境远，空间划分

散点透视的构图理论不仅为山水画和园林带来了连续的、动态的视觉体验，还有空间层次丰富的"景深"感受。在山水画论中，景深是指画面在纵深上的空间深度和层次的推移，是中国古典山水画所独有的以视觉经验为基础的空间层次表现形式。这一空间景深的营造需要通过"三层"、"三远"的空间构架原理来实现。所谓"三层",即清代沈宗骞在《芥舟学画篇》中记述的:"凡画当作三层:如外一层是横,中一层必当多竖,内一层又当用横;外一层用树林,中一层则用栏楯房屋之属,内一层又当略作远景树石,以分别之。""三远"为宋代郭熙在《林泉高志》"山水训"中所说的山有三远:"自山下而仰山颠,谓之高远;自山前而窥山后,谓之深远;自近山而望远山,谓之平远。高远之色清明,深远之色重晦,平远之色有明有晦。高远之势突兀,深远之意重叠,平远之意冲融而缥缥缈缈。"

"三层"理论注重的是对画面全局的控制,该理论生动而直接地阐述了植物、建筑、山石等造境元素在山水画中的层次关系和对景深的处理方式,这一理论对于江南私家园林的空间布局有着直接的指导意义和影响。如明代画师仇英所绘《辋川十景》,画作在卷轴上通过动态连续的散点透视构图将著名别墅园"辋川别业"的十大知名景点连续布局在二维的画面中,同时利用了"三层"的空间构架理论,使每一景点的停留处都有外竖、中衡、后耸的空间对比,既有画卷之初的植物与山石的层次对比,亦有中部的建筑与前面的树林、后侧的高山所形成的层次对比,使得画面既有连续的动态进程,又形成了局部重点的空间层次和景观元素的塑造(图4-40)。

江南私家园林的核心园景的营造均与这一画境有着异曲同工之妙,如留园中心水景区由小蓬莱观西岸闻木樨香轩图景,近一层水景为横,中一层假山古木当竖,远一层廊轩作横,对比明确、层次鲜明(图4-41);拙政园内有"香洲观倚玉轩—荷风四面亭—见山楼—柳阴路曲—别有洞天"一线山水图景,近水为横,中亭、轩树当竖,远廊作横(图4-42);狮子林中心水景由石舫向南透湖心亭观远山图景中(图4-43),湖心亭一线为内一层,亭、石、树构成竖向层次,中一层为水景,山石、树、桥及更远处的庭院廊、粉墙共同构成了外一层景面,形成了与中景对比的竖向景面等。私家园林在景面层次处理中将"三层"理论运用得恰到好处,极大地丰富了庭园景观的景深层次。

"高远、深远、平远"的"三远"理论,是塑造山形山势的核心理论,是与"三层"理论相辅相成的为传统山水画增加景深的空间处理方式,体现出"意贵乎远,境贵乎深"的艺术境界。"三远"是古典山水画透视所独有的特色,所追求的是在同一画面中能够从不同角度观山,从而获得不同的效果和感受的画境。"高远"即为自山下仰视山巅之势,表现崇山峻岭,常给人以雄伟挺拔、俊秀旷朗之感(图4-44);"深远"为自山前而窥山后之貌的远眺,宜表现幽深的意境(图4-45);"平远"则为自近山而望远山延伸视觉,宜表现低峦远渚、平林树泽之景(图4-46)。三远法所架构的空间体系不是简单的几何学中的空间透视方法,而是诗意地创造空间的艺术手法,使山水画面层次更加丰富、清晰,对山川的气势及感受的承载更为完整和贴切。

以元代山水画大师黄公望的《富春山居图》为例(图4-47),利用平远的透视方法描绘

图4-25　由绿荫观留园中心景园——西园

图4-26　由中心水景入五峰仙馆的过廊

图4-27　由过廊入五峰仙馆庭园

图4-28　五峰仙馆庭园

图4-29　五峰仙馆

图4-30　五峰仙馆假山

图4-31 狭长幽闭的过廊　　　　　　　　　　　　　图4-32 过廊局部框景

图4-33 过廊局部框景　　　　　　　　　　　　　图4-34 石林小屋

图4-35 林泉耆硕之馆前豁然开朗的东园　　　　　图4-36 连通东西园的曲廊

图4-37 曲折有致,移步异景

图4-38 过曲廊入西园

图4-39 清 刘懋功 寒碧山庄图(引自《苏州古典园林》)

第 4 章 山水图景的建构理法

了富春江附近一带秋天秀丽的山川景致，景物安排疏密有致，墨色与线条有着丰富的变化，使山水画的造境得到了又一次创造性的发展。他巧妙地把山石、树木、道路、水流安排在一个画面上，从不同的视点去观察，体现了南方山水的秀美。开卷描绘的是江边的风景，水中渔舟垂钓，群山环抱的村落，山间丛林掩映，布局疏密有致，远山隐约，他的视点随着景色的变化而发生改变，起伏由近及远，重峦叠嶂，最后高峰凸起，用淡墨抹出远山。从近景的收到开阔水面的放，确保了观赏者视野的扩宽，再到中景的树木山石的收放结合，疏松灵动，最后收于高昂耸立的远峰上，整个画面空间层层推进。随着视点上下左右的移动，画面也千变万化，山峦、树石、小桥、屋舍令人应接不暇，这种变化莫测的笔墨给画面增添了无数趣味，把自己对江南山水的真切感受表现得淋漓尽致。此外，董源的《夏景山口待渡图》、《夏山图》、《平林霁色图卷》；郭熙的《溪山秋霁图》、《树色平远图》、《古木遥山图》，王蒙的《太白山图卷》、《花溪渔隐图》、《秋山草堂图》、《西郊草堂图》，武元直《赤壁图》等都是构筑平远画境的绝世佳作（图4-48~图4-58）。

江南私家园林之山水意境营造

图4-40 明 仇英 辋川十景

第4章 山水图景的建构理法

在画者创作时，"三层"、"三远"是融合使用的，而不是刻意独立使用某一手法，董源的《溪岸图》，郭熙的《早春图》、《幽谷图》，范宽的《临流独坐图》、《秋林飞瀑图》，马远的《踏歌图》，巨然的《湖山春晓图》、《万壑松风图》、《茂林叠嶂图》，王蒙的《葛稚川移居图》、《夏山高隐图》（图4-59~图4-69）为体现岩帕错布、谷壑透逸、溪涧曲折、路桥蜿蜒，以窥山之"深远"重叠曲折之妙的佳作，但画作中亦可看出高远的感受及"三层"法的体现。王蒙的《青卞隐居图》、《春山读书图》、《东山草堂图》、《夏日山居图》，范宽的《雪景寒林图》、《雪山萧寺图》（图4-70~图4-75）均是高远法的典型代表，然则亦有深远的山间景致描绘。故要融会贯通，方可营造出"三层三远"的山水意境。

江南私家园林营造山水园景颇具山水画"三层三远"法之神韵。园林中运用山水、花木等自然景物结合建筑进行层次造景。后景掩映于前景，虚虚实实，通过层次使"景深"得以加大，这小中见大的处理却是"远"之境的体现所在。正如前文所述，江南私家园林中的景观一层近、一层远，为观赏者呈现不同视觉感受的空间层次，或开阔辽远，或时隐时现，或缥缈朦胧（图4-41~图4-43）。

园林中的各种亭榭、大厅、门廊等停留点的主要景面大多采用的是隔水望山的平远构图。豫园的快楼属于高远之作（图4-76），拙政园的小飞虹、小沧浪都属深远之作（图3-32），留园的涵碧山房、艺圃的水榭都属平远之作（图4-77～图4-80）。山水相间的景区则是深远和高远创作的精华所在，造园者在堆叠假山时，刻意将观赏点与假山之间的距离拉近，既是因地制宜的处理，又是人为增加山石高耸雄伟之势的视觉控制手法，使人在视觉感受上对实际高度和体量并不巨大的山林产生"身在此山中，不识庐山真面目"的深邃之美，这便是高远构图的应用。当人驻足在山间某一观赏点处远眺时，又可以欣赏到无限延长的纵向景观，以达到深远构图的目的。留园冠云峰，仅为一块独立的置石，立于石前抬头仰望，却体现出高远的气势，故以"冠云"凸显其高耸之势，以"峰"字显其形势，从而体现出造景的画境韵味（图4-81）。网师园中的云岗，高度不及屋檐，何以得"山岗高耸入云端"之美誉，这既是通过题名来点明主题的画境创作手法，也是山石之势与水面面积构成合理的比例，沿水面望去，深远之画韵彰显无遗，其境界感受如海上神山高耸入云一般（图4-82）。正如王维《山水论》中所言："丈山尺树，寸马分人。远人无目，远树无枝。远山无石，隐隐如眉；远水无波，高与云齐。"它说的就是山水画中看似很"小"的景物，其"境"并不

图4-41 留园由小蓬莱观闻木樨香轩

图4-43 狮子林由石舫向南透湖心亭观远山图景

图4-42 拙政园倚玉轩—荷风四面亭—别有洞天一线图景

会使人觉得渺小，而是画面整体"深远"的境界所致。因而在江南私家园林景观中，几块太湖石的堆叠便有巍然之势，不过三跨的水面，也能产生河湖之感。

4.2.3 景面结构，起承转合

中国山水画在空间布局上将时空融合的动态艺术特点，决定了山水画作在构图中要有开始与结束的结构，这种动态的结构在山水画论中称为"开"与"合"。清代沈宗骞在《芥舟学画编》中记述："千岩万壑，几令浏览不尽，然作时之须一大开合，如行文之'起''结'也。"起笔之处为"开"，也称为"起"，收笔之处为"合"，也叫"结"，开合的控制成为一幅山水画统筹全局的关键所在，是将时间与空间等矛盾性元素和谐统一于同一画面的构图技

图4-44 五代 关仝 秋山晚翠图

图4-45 宋 马远 对月图

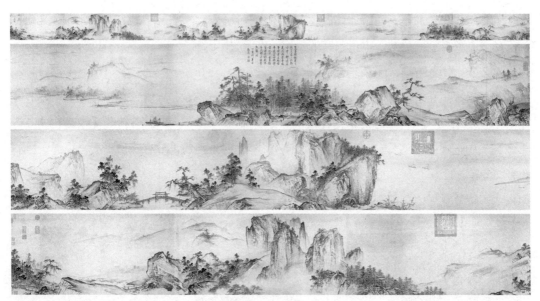

图4-46 南宋 夏圭 溪山清远图

图4-47 元 黄公望 富春山居图

图4-48 南唐 董源 夏景山口待渡图

第 4 章　山水图景的建构理法

图4-49　南唐　董源　夏山图

图4-50　南唐　董源　平林霁色图

图4-51　宋　郭熙　溪山秋霁图

图4-52　宋　郭熙　树色平远图

图4-53 宋 郭熙 古木遥山图

巧，开合增加了画面的形式美感，使整体布局前后贯通，首尾呼应。画者在创作之前，以控制全局为首要目标，定好大的开合，在深入刻画细节的过程中慢慢加入局部开合，如果只有大的开合，没有小的开合，画面就失去了形式美，也就失去了生命力，如果小的开合太多，又会使人产生视觉障碍感而失去空间感，所以在构图中掌握好开合的节奏十分必要。

　　山水画的开合控制多是随山体之势而定，突出山脉的平远连续之势采用横向构图，突出山峰的高远深邃则多采用纵向构图，整体过程包括了"起、承、转、合"四个部分。五代山水四家：荆浩、关仝、董源和巨然的画作将山水的开合控制得恰到妙处。荆浩的《匡庐图》没有将近、中、远三景全部放在画面的中轴上，而是以画面右下角近景的松石、茅舍为

第 4 章 山水图景的建构理法

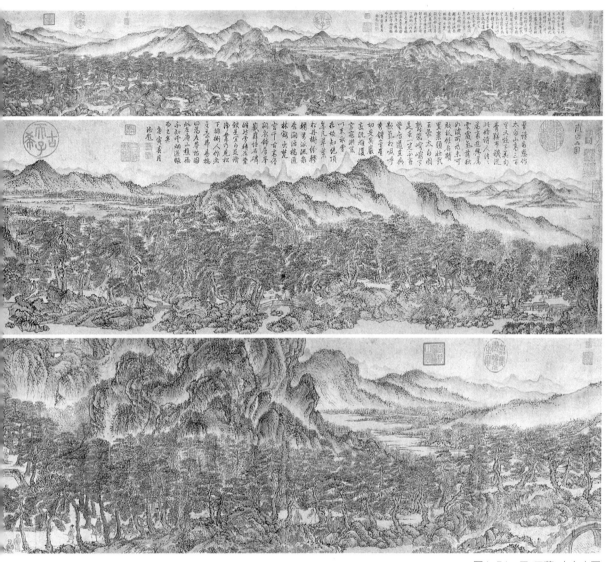

图4-54 元 王蒙 太白山图

"起",逐渐向左上方展开中景(承),中间以广袤的水域隔开(转),与左上方体积庞大的垂直片状的远景主山(合)相对,这是以平远和对角线的构图设计控制开合的手法(图4-83)。关仝的《关山行旅图》,画面以左下角的山石为起,近景描绘了一些有枝干无叶子的树木,几座村落很突出,山脚下人来人往,山中云雾缭绕,小峰迭出作为承,山谷中的流水为转,从上到下慢慢流淌出的泉水逐渐变成小溪,一直流到山脚下,有开必有合,此幅画的最上面气势雄壮,是一座巨大的山峰和奇怪的岩石,以此作为合。整幅画面构图饱满,画中每个景色的细节都安排得十分精巧,恰到好处地布置了开合聚散、动静等景色的格局(图4-84)。董源的《洞天山堂图》(图4-85),巨然的《萧翼赚兰亭图》、《秋山图》(图4-86、图4-87)也都是

123

江南私家园林之山水意境营造

图4-55 元 王蒙 花溪渔隐图

图4-56 元 王蒙 秋山草堂图

图4-57 元 王蒙 西郊草堂图

图4-58 金 武元直 赤壁图

第 4 章　山水图景的建构理法

图4-59　南唐 董源 溪岸图　　图4-60　宋 郭熙 早春图　　图4-61　宋 郭熙 幽谷图

图4-62　宋 范宽 临流独坐图　　图4-63　宋 范宽 秋林飞瀑图　　图4-64　宋 马远 踏歌图

图4-65 五代 巨然 湖山春晓图

图4-66 五代 巨然 万壑松风图

第4章 山水图景的建构理法

图4-67 五代 巨然 茂林叠嶂图

图4-68 元 王蒙 葛稚川移居图

127

江南私家园林之山水意境营造

图4-69 元 王蒙 夏山高隐图

图4-70 元 王蒙 青卞隐居图

第 4 章 山水图景的建构理法

图4-71 元 王蒙 春山读书图

图4-72 元 王蒙 东山草堂图

图4-73 元 王蒙 夏日山居图

图4-74 宋 范宽 雪山萧寺图

图4-75 宋 范宽 雪景寒林图

图4-76　豫园快楼

图4-77　留园涵碧山房

图4-78　涵碧山房北观小蓬莱景面

图4-79　艺圃水榭图景

图4-80　艺圃水榭南观景面

图4-81　留园冠云峰　　　　　　　　　图4-82　网师园假山"云岗"

随着视点的逐渐抬升呈"Z"字势展开近、中、远三景，使大、小开合相得益彰。

开合控制理论在园林营造中的应用体现为空间布局中取势之章法，常依据地理形态来设计园林格局，高处设置亭台，低处设置池沼，园林的"开"处视线可以无限延伸，空间开阔，给予视觉无限的自由，"合"处的景观视域受限，利用树木、假山等适当阻隔视线，开合相间而节奏舒缓为佳，组织过疏则显得空，过密则显得堵。园林主景位置往往是开合处理的关键区域，常用山石阻挡视线，大片的树林，中间夹杂错落的亭台和楼阁，以参差不齐的树木相互穿插，这样闭合的空间让人产生神秘感，然后再通过院落一层一层地引入，一步一步地展开，留出部分空地作为水景，使空间变化丰富，然而平静的水面让人产生了无限延伸感，使画面达到了由近至远的纵深空间距离，人们临水而望，高耸入云的山体倒映在水中，光色变幻幽深，对岸的景物就像隔了一层帘幕，产生了若隐若现的美感，各个景色建筑物之间相互呼应，点题喻义，增添了画面的层次感。以苏州拙政园入口至远香堂的布局为例（图4-88），入口腰门外迎面是一座黄石假山屏障，园中景色皆被遮住（图4-89），从走廊过小桥，才能到达临池的主要厅堂——远香堂（图4-90）。远香堂位于全园中心突出位置，周围水面开朗明快，远香堂的规模比中部景区的其他建筑大一些，外观也特别精美，它统领周围的荷塘和其他小建筑，组成了一个有机的整体（图4-91）。堂北有平台、荷塘，水面上有苍翠小山，山上筑"雪香云蔚"为视觉焦点，是一个山水意味极为突出的大空间，这样在时间的进程中就达到了景色和意境的高潮（图4-92~图4-94）。

4.2.4　先立宾主，而后造景

每一幅完整的山水画作都是由诸多元素共同构成的，每种元素既是独立的，又统一在整体的布局中，并且有着主从关系，即画面中物象的宾主区分。立意的主体物象应位于画面构图重点及核心位置："主峰最宜高耸，客山须奔趋。"王维在《山水诀》中早已点出定立山水宾主关系的原理。为衬托和突出主体而存在的宾体置于主体的周围，如建筑、花木、水

图4-83　五代　荆浩　匡庐图　　　　　　图4-84　五代　关仝　关山行旅图

景、云团等元素。立宾主关系是布局时的首要任务，要先立宾主之位，再定远近之势，后穿凿境物，布置高低，这样才能使画面群峰并立、主次分明、张弛有度。以五代荆浩的《匡庐图》为例，画面中群峰列帜，屋宇、树林穿插其间，且山峰均为片石画法塑造，而主峰形象高耸，体量硕大，占据了画面的构图核心，统领了全部构成要素，从而破除了平正松散的弊病，主峰与其他客体元素之间，既不可平等对待，又不各自独立，其状貌各不相同但又一脉相承（图4-83）。恰如荆浩在《画山水赋》中所言："观者先看气象，后辨清浊，定宾主之朝辑，列群峰之威仪。"无论在尺幅还是在长卷的绘画中，都必须要明确宾主关系，方可深入刻画。

图4-85 南唐 董源 洞天山堂图　　图4-86 五代 巨然 萧翼赚兰亭图　　图4-87 五代 巨然 秋山图

传统山水画中，主体塑造固然重要，但是若无客体的烘托与陪衬，则无法成画，故宾主二者总是相提并论的。清代笪重光《画筌》："主山正者客山低，主山侧者客山远，众山拱伏，主山始尊；群峰盘互，祖峰乃厚。"范宽《溪山行旅图》以浓重、浑厚的墨色描绘主山，以突出主峰的量感与质感，同时，赫然耸立的主峰占据了画面的大部分空间，营造出了主体气势磅礴的视觉冲击力，前面有几座小山，杂树丛生，山边的小路上有一群商旅，山间还有潺潺的水流，山腰间有瀑布直流而下，这样的动静结合，更加衬托出主峰的峰峦雄厚，宾主分明，整幅画的构图完美，层次分明，极富美感，给人一种身临其境的感觉，凸显出北方山川雄伟壮丽的景色（图4-95）。

又如南宋李唐所绘《万壑松风图》，高龄的李唐表现的山石仍然是雷霆万钧的阳刚力量，主峰布置在画幅中央，左右有高低参差的插云尖峰。画中冈峦、峭壁似刚被斧头凿过，是典型的斧劈皴法，这一片石质的山，显现出特别坚硬的感觉。山腰处朵朵白云，好像冉冉欲动，不仅把群山的前后层次划分了出来，还使画面有了疏密相间的效果，也使整个气氛有了柔和调剂的一面，不会因为太密、太实而让欣赏者有过分的压迫感。山巅的丛树，近处的松林，有隐有现的石径，加强了画面幽深的情调。中景各有瀑布一线垂下，几折而后，转成一滩溪涧，涧水穿石而过，如闻声响，真是画到有声就是诗的意境（图4-96）。由这些传世的名画可见，主体对全局起着控制作用，是每一幅画的核心所在，但是主体和客体必要相互依存，做到多而不杂、繁而不乱方为成功，善于发挥客体的衬托作用，方能彰显个性而不失整体,这是传统山水画所追求的和谐统一、势态均衡的山水审美标准。

"主景突出,客景烘托"的宾主相辅的画论布局法被完美地运用到了江南私家园林营造中。从整体而言,江南私家园林多以小巧精致而取胜,面积不是很大,以独特的造园技巧在有限的空间内构置景物,山水树石的结合给予游赏者无限的想象空间。所有私家园林的设计如同绘画一般,都要先整体规划,立宾主、定远近而后再局部细致刻画,以私家园林中至关重要的水景营造为例,单是选位就要在考虑与周围树石建筑的完整统一以及宽窄等问题后方能定其位置,以便宾主协调,相辅相成。从园林的整体空间来看,除某些极小的园林外,多数江南私园都是由许多空间构成的,为突出营园主旨思想,必然把其中的一部分作为全园最有特色的主景区,即主体部分,它通常是整个园林的中心所在,其他景区为次要部分,是为与主要部分相承接以形成完整的园林系统而存在的。

以狮子林为例,其主题鲜明,以山石为主体,建筑物的布局安排错落有致。园内假山群峰起伏,假山大多模仿人和动物的形态并且加以夸张变形,以叠石取胜,众多且精美,怪石林立,玲珑剔透,洞壑宛转,形态各异,周围的湖石亭台的安排布局更加衬托出假山这个主体,园林中的泉流藏于树林和山石洞穴,清泉经湖石而下,清脆悦耳,迂回于洞壑峰峦之间,相互对比,曲折丰富,变化莫测(图4-97~图4-100)。所以,园林中的空间处理是至关重要的,它们相互穿插,相互联系,形成了丰富的画面层次感。又如拙政园,整个园林分成了西部、中部、东部三

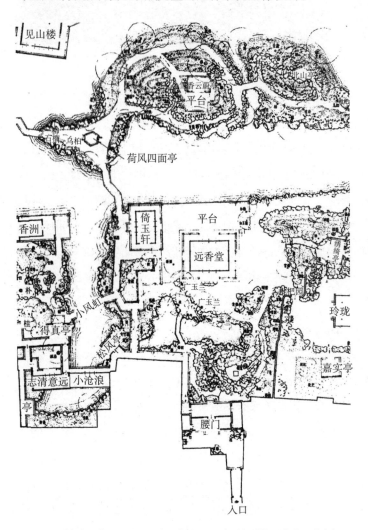

图4-88 拙政园由入口至远香堂局部平面图(引自《苏州古典园林》)

第 4 章 山水图景的建构理法

图4-89 拙政园入口腰门假山障景

图4-90 经折桥入远香堂局部景致

图4-91 拙政园远香堂

图4-92 远香堂外山水图景

图4-93 环远香堂水景

图4-94 远香堂对景雪香云蔚

图4-95 宋 范宽 溪山行旅图

图4-96 南宋 李唐 万壑松风图

个部分，中部总体的布局以水池为主，水的面积约占全园的五分之三，使中部景区成为整个园林最主要的景色观赏区，水池的中心有两座岛屿，造园者零星地点缀了几座亭榭，比如四季皆宜的荷风四面亭，湖内莲花亭亭玉立，湖岸边的柳树婀娜多姿，香远益清，使观赏者流连忘返，园内的空间处理，巧妙地运用了山水树石、亭台楼阁、漏窗、回廊的迂回曲折，造型轻盈巧妙，充满了幽远宁静的意境美（图4-101～图4-105）。

一个园林不仅要有全园景区的宾主之分，还要在不同的景区定立小的宾主关系，才能完成园林造景的深入塑造，以便形成景区中的焦点，构成全园的主体景观。大宾主、小宾主的完善，才能达到宾主分明，主景突出，同时配景前后呼应，掩映烘托，与主景相得益彰。如无锡寄畅园的秉礼堂，秉礼堂庭院偏于园内一角，规模极小，但却自成一体，堂前以水池为中心，点缀山石、花木，池三面回廊，循廊可环院一周，主体建筑秉礼堂建于池岸，位置显赫，其他附属空间起烘托陪衬作用，主从关系较为分明（图4-106）。

那么，如何确立园景中的主体元素呢？清沈元禄在《古猗园记》中讲道："奠一园之体势者，莫如堂；据一园之形胜者，莫如山。"再加上使园景"活"化的"水体"，共同构成了江南私家园林中最突出的主体类型。在江南园林中，厅堂往往是全园的中心，方位一般居中朝南，面对水池或山石，周围辅以亭台楼阁、花草树木，或用曲房回廊围合成中小型景区或庭院。如拙政园里的远香堂（图4-88），位于中部核心景区的正中，是中部建筑体系中面积最大，结构装饰最精美、讲究的一组厅堂建筑，是该景区的主体建筑，山石、水面、花木及其他建筑都是围绕它而展开的，充分发挥了它"奠一园之体势"的作用（图4-91~图4-94）。此外还有苏州耦园（图4-107），城曲草堂面南而开，正对一组黄石假山，造型逼真，为全园的主山，"据一园之形胜"，假山东南面的水池作为宾体，辅以植物，形成有力的衬托。正如计成《园冶》中所记："凡园圃之基，定厅堂为主。先乎取景，妙在朝南。"以山石为主体的还有留园三峰——冠云峰、瑞云峰、岫云峰（图4-108）。冠云峰作为主峰，雄峙居中，体态高耸挺拔，将太湖石"瘦漏皱透"的特点表现到了极致，有江南园林峰石之冠的美誉。岫云峰、瑞云峰屏立其左右，这一主二宾，既各有其美又各得其所（图4-109~图4-111），将朱和羹《临池心解》中所描述的"主峰立定，其余层峦叠嶂，旁见侧出"的营石意境表现得淋漓尽致。在以水池为主体的园林中，水池一般位于园的中央，周围点缀各种景观。如无锡寄畅园以园中最大的水面锦汇漪为中心，园中最主要的景色——嘉树堂、七星桥、涵碧亭、知鱼槛、郁盘廊及先月榭等都是围绕着锦汇漪而展开的，云影、塔影、亭影、榭影、树影、鸟影，尽汇池中，丰富了水面景观（图4-112~图115）。

此外，在江南私家园林植物造景中也有明确的主从关系，要首先依据植物的种类来立其宾主之位。郭熙在《林泉高致》中记："林石先理会大松，名为宗老。宗老意定，方作以次、杂窠、小卉、女萝、碎石，以其一山表之于此，故曰宗老，如君子小人也。"正如其所绘的《双松图》（图4-116），以松柏为"宗主"，其余种类为配景，形成了主景突出、配景呼应的花木配置关系。其次是依据植物竖向设计中的空间层次关系而定宾主，宋代米芾《论山水画》中讲到了"主树欲，客树直；主树直，则客树不得反敬矣"的配置原则（图4-117、图4-118）。拙政园中岛上的植物配置主次非常分明，春梅、秋橘是主景，樟、朴遮阴为辅佐，因树冠大小、高低不同，主客之势一目了然。高低层次配合也很得当，樟、朴居上层空间，桂、合欢等位于中层，梅、橘等则在林丛的外缘和下层，书带草、黄馨等铺地垂悬（图4-119）。

山水画与园林在宾主法的应用上互通互用，但亦有不同。山水画中物象的宾主关系是在画面中特定的位置体现的，并且主景和客景所呈现的内容和位置是固定不变的。在园林的布局安排中，游人时而行走、时而立足，不同时间、不同位置欣赏到的画面是不同的，是一种动态的时间和空间的组合，因此，主景和客景也在发生着变化，较之绘画，主宾变化更加丰富，才有"移步换景，景象千变万化"的美誉。

4.2.5 虚实相生，空灵通透

虚与实本为哲学范畴的概念，在中国传统哲学观念中，有形则为实，无形则为虚，实为有，虚为空。实者形象具体，易于视觉感知；虚者空灵缥缈，妙在无限联想，正所谓"以虚带实，以实带虚，虚中有实，虚实结合，这是中国美学思想的核心问题"。（宗白华《美学散

江南私家园林之山水意境营造

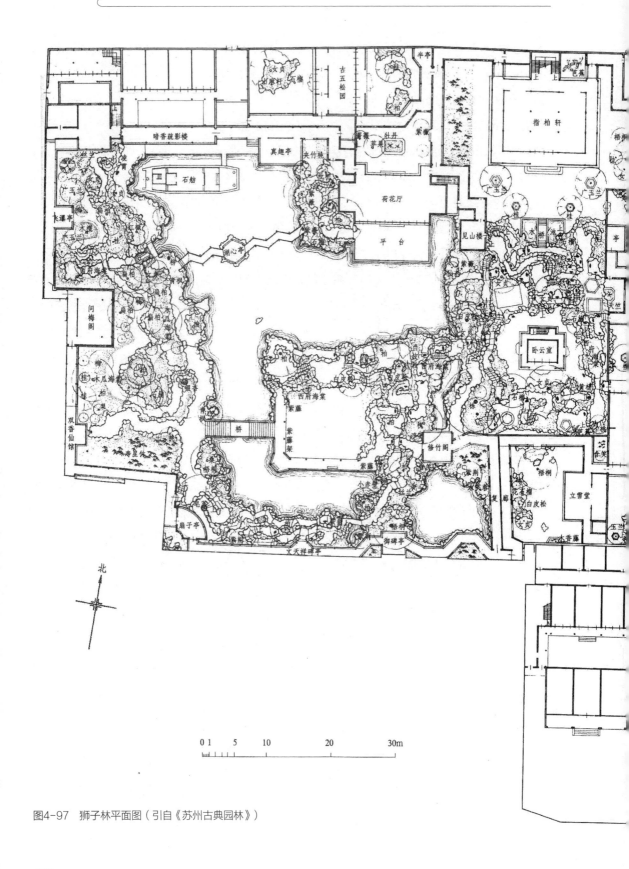

图4-97 狮子林平面图（引自《苏州古典园林》）

第 4 章 山水图景的建构理法

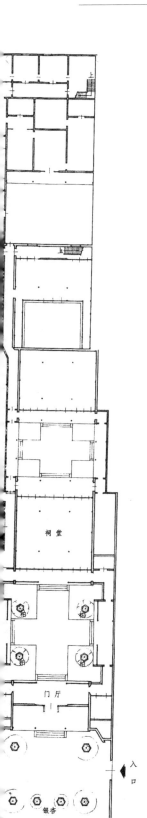

图4-98 狮子林山水图景

图4-99 形态奇巧的九狮峰

图4-100 狮林清泉

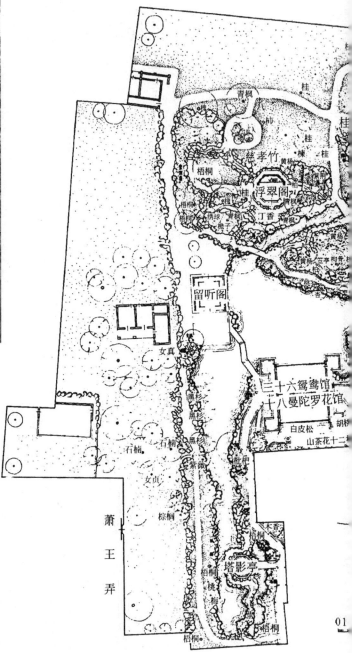

图4-101 拙政园中西部平面图(引自《苏州古典园林》)

第4章 山水图景的建构理法

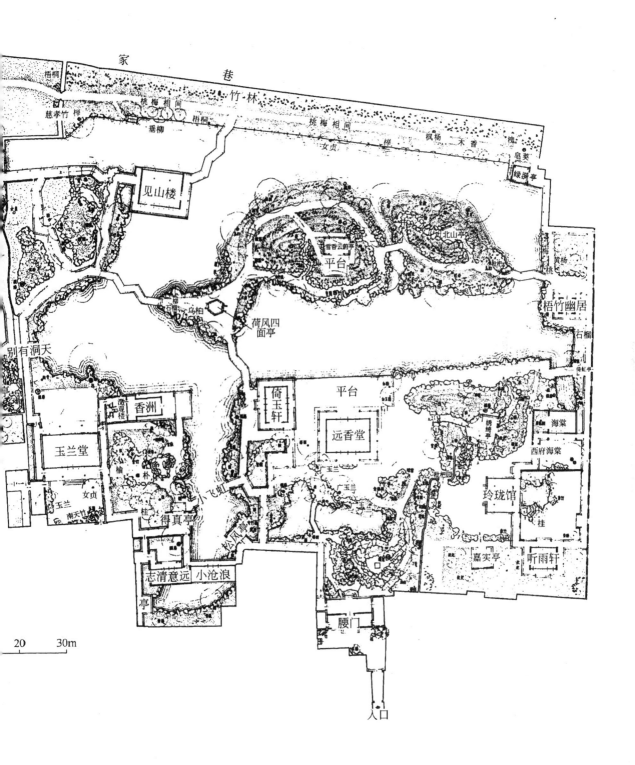

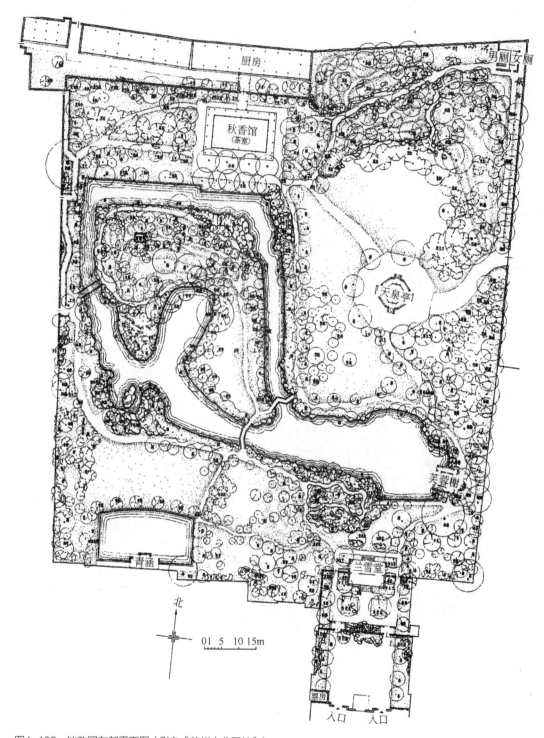

图4-102 拙政园东部平面图（引自《苏州古典园林》）

第 4 章 山水图景的建构理法

图4-103 拙政园鸟瞰图（引自《江南园林论》）

图4-104 拙政园荷风四面亭图景

图4-105 拙政园幽静园境

图4-106 寄畅园秉礼堂小院

江南私家园林之山水意境营造

图4-107　耦园总平面图（引自《苏州古典园林》）

第 4 章　山水图景的建构理法

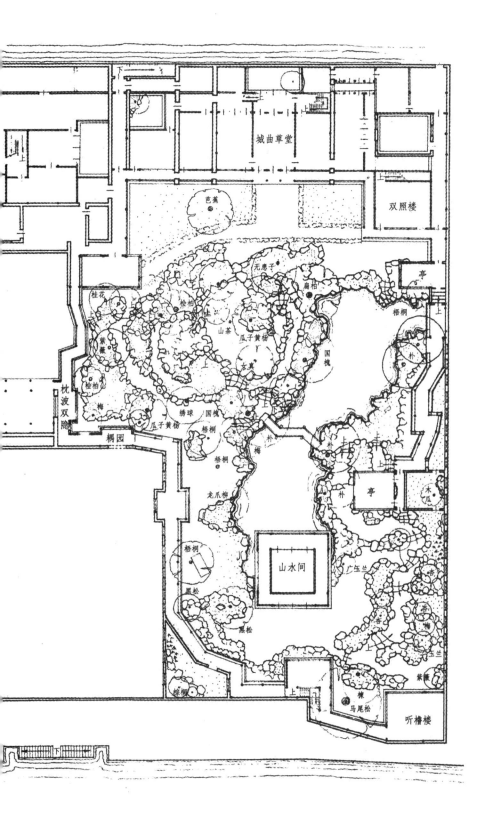

145

步》)。中国传统山水画重在画境的创作，山水画的造境离不开虚实关系，虚和实是辩证统一的，虚实结合的表达方式可使山水画获得具有生命活力的意境。绘画者借由对自然山水风景的描绘而寄托个人对山水的解读和情怀。笔墨与画幅是有限的，但观赏与感受到的景色却是无限而变化的，画者通过笔墨间的皴擦点染、浓淡深浅、干湿轻重，山之远近、水之静动、云之变化，控制着画面中各个物象的虚实关系，将时间与空间的界限消除在绘画的世界里，使画作获得独有的生命力，增强了画作的艺术感染力。

《长江万里图》是历代画师发挥虚实处理高深技艺的典型主题，对于这一主题的表达，成败的关键在于虚和实的造境处理（图4-120～图4-123）。夏圭《长江万里图》画卷（图4-120），前半段以接近平视的角度近景特

图4-108 留园三峰平面布局图（引自《苏州古典园林》）

图4-109 留园三峰图景

图4-110 留园瑞云峰

图4-111 留园岫云峰

第 4 章　山水图景的建构理法

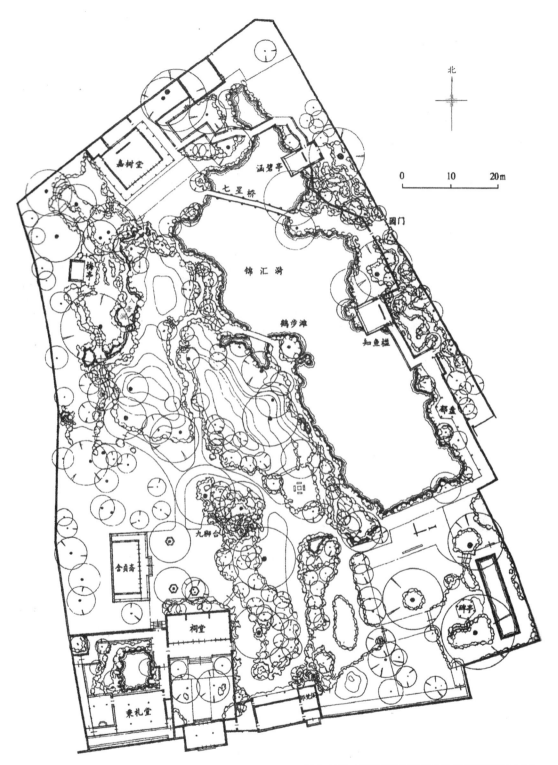

图4-112　寄畅园平面图（引自《江南理景艺术》）

图4-113　寄畅园临水观嘉树堂及七星桥

图4-114　寄畅园观锦汇漪岸知鱼槛及与郁盘廊

第 4 章　山水图景的建构理法

图4-115　寄畅园先月榭秋色

图4-116　宋　郭熙　双松图

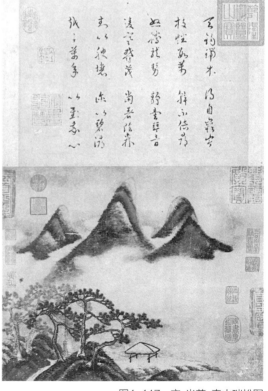

图4-117　宋　米芾　春山瑞松图

图4-118 宋 米芾 云山图

图4-119 拙政园中岛植物景观

写岩块、林木以及江行的舟船，表现长江三峡险峻和波涛汹涌的景观；后半段则是以俯视和远观的角度描绘江面上的活动以及沿途所见秀丽的景色。从逼近观者的景物，转换到辽阔空旷的视野，这种构图方式具有戏剧性的效果。张大千的《长江万里图》中（图4-123），画家从不同的角度描绘了变幻莫测的动态格局，千岩万壑，连绵不绝，充分展示了画家非凡的创造功力。作者为了加强江面的视觉效果，把远处无尽的山和广阔无垠的天空笼罩在墨色之中，线条或简或密，繁简穿插，营造出一种虚的视觉形象，虚而不空，用无来衬托有，墨色相互晕染，相比较之下，虚处更白，给观者留下了丰富的想象空间。正如清代戴熙在《习苦斋画絮》中所描绘的"画在有笔墨处，画之妙在无笔墨处"的虚实效果，近作实，远作虚，山为实，水为虚，地有墨，天无痕，笔落峰石而烟云留白，以虚托实，营造出无画胜有画的无限意境遐想。这是中国山水绘画所独有的空灵之美。

空灵之美源自虚实处理，尤其取决于"虚"处的发挥。在山水画中"留白"是处理虚处的至高境界。在山水画论中，空白不意味着无，只是给赏画人在无形中猜想有形的空间，它可以表达创作者所要表达的一切，可代表水、天、云以至于万物，或云烟相生，或水波浩渺，是画作中最能诱发想象的空间（图4-124）。山水画中对于"留白"的重视，实则是为了使画面透气不拥堵，以此赋予画中的主体形象更广阔的延展空间，以显示出主体的"实"，画满全幅无异于将之涂黑，无以成画。清郑绩《梦幻居画学简明》："凡布置要明虚实……如一处聚密，必间一处放疏，以舒其气，此虚实相生法也。"所讲正是这一道理。在山水画的造境中，留白的欣赏价值远远超过了它本身，虚实相生使画面的意境更加深远。董源的《潇湘图》（图4-125），描绘了江南烟雨迷蒙的景色，采用平远之势，构图不拘形式，正所谓"远取其势，近取其质"，近景的水面最中间采用大面积留白，左右两边点缀了些许的人物以及芦苇沙坡，刻画细致入微，为画面增添了灵韵。山石上部也留白，用淡墨来描绘远处迷蒙的树，达到了虚实相生的空灵美。中景有大片茂密的树林，山峦几乎看不出轮廓，用墨点的疏密、浓淡、干湿来表现远山上的植被，景实而意虚，远看层林尽染，极富韵律感。远景的山水树石浑罩在烟雨迷蒙的墨色中，描绘出了秀润苍茫的山川景象，虚实、疏密对比很强，近大远小，近实远虚，远、中、近三个景色层次分明，使整个画面增加了意境悠远的趣味，为寂静幽深的山林增添了无限生机。

山水画中对于雪景山水的描绘是"留白法"发挥空间最大的主题，"以虚为实"，白即为雪，是画面的主景，占据画面主要的篇幅，是画作最为精彩、最为高超的部分，如果没有白，以墨绘雪，雪山的灵性则荡然无存。墨色只用于树木山石的渲染，而且墨色比较浓重，更加突出了空寂、萧条的意境美。郭熙的《关山春雪图》（图4-126）描绘了深山老林春雪过后的荒寒美景，整幅画都是用淡墨勾勒山石轮廓，近景白茫茫的山石上面点缀了几棵小

江南私家园林之山水意境营造

（a）南宋 夏圭 长江万里图及局部（右半部）

第 4 章 山水图景的建构理法

江南私家园林之山水意境营造

(b) 南宋 夏圭 长江万里图及局部（左半部）

图4-120 南宋 夏圭 长江万里图及局部

第 4 章　山水图景的建构理法

图4-121 南宋 赵黻（芾）长江万里图

第4章 山水图景的建构理法

江南私家园林之山水意境营造

（a）明 戴进 长江万里图及局部（右半部）

第 4 章　山水图景的建构理法

159

江南私家园林之山水意境营造

（b）明 戴进 长江万里图及局部（左半部）

图4-122 明 戴进 长江万里图及局部

第 4 章 山水图景的建构理法

江南私家园林之山水意境营造

（a）明 吴伟 长江万里图及局部（右半部）

第 4 章　山水图景的建构理法

江南私家园林之山水意境营造

（b）明 吴伟 长江万里图及局部（左半部）
图4-123 明 吴伟 长江万里图及局部

第 4 章　山水图景的建构理法

图4-125　南唐 董源 潇湘图

图4-124　清 弘仁 林泉春暮图

图4-126　宋 郭熙 关山春雪图

树，远景大面积的留白与中景茂密的树林与屋舍以及墨色浓重的蟹爪枝形成强烈的对比，山间溪水潺潺，动静结合，虚虚实实，笔墨与意象结合，空白之处统一于整个画面构图中，体现了意境的空间感，给空寂的雪山增添了无限生机，传达出了画家内心孤独寂寞之情。

无论是"长江万里"的连续组景，还是凝聚一处的主景处理，又或是冬季雪景的营造，虚实关系都是山水画意境营造的关键因素。虚实是一种空间结构观念，也是艺术意象思维，虚实相生的布局原则也同样被应用于中国古典园林的意境营造中。虚与实在园林空间中是相对的，有形为实，则无形为虚；山石树木为实，则水体为虚；建筑为实，则庭园为虚；墙为实，则窗洞为虚；物象为实，则影像为虚。在园林的空间艺术中，没有绝对的虚与实，空间本身就是"虚"无的，是一种无形的、无法触及的体验性元素，正是由于空间的不确定性，才会使人身处其中感受各异，引发丰富的主观联想。通常以围合空间，界面感强的元素作为实景，而内部空间及元素就为虚景，因此，虚与实在园林造景中处于时时处处的变化之中，关系微妙而无法一语道破，似物非物，若隐若现，强调的即是景与境的和谐多变。

江南私家园林将自然景色美与山水画的意境美再现于有限的园林空间中，景物的布局及观赏位置的安排成为控制虚实关系的关键所在。就整体布局而言，私家园林通常在建筑围合而成的庭园空间四周布置山石、花木、廊亭楼榭，而中心位置则尽量少布置集中的景物，多以水作为中心部位的造境元素，通过水面的"虚"无感衬托出周边景色的"实"体感，内部与外部空间彼此融合，结构通透，营造出如山水画一般的空灵美感。

山与水的景观营造是江南私家园林造景中最重要也是最体现造园技艺的环节，其中虚实关系的处理多学自山水画。山为实，水为虚，而其中十之八九以水面作为全园的中心，强化"空"的意象，以空灵来包罗意境万象。大虚实内必包含小虚实，山之峰、峦为实，洞、壑、沟、谷为虚；水之影域为实，留白处为虚……这都是处理山水景观虚实关系的最基本的规律（图4-127、图4-128）。于山水间形成和谐美感，比例关系的处理是虚实组织中的关键，如宋李澄叟《画山水诀》记述："稠叠而不崩塞，实里求虚；简淡而恐成孤，虚中求实。"虚实各半、平分秋色的关系是大忌，或以实为主，穿插着虚，或以虚为主，再辅以实，如此方能使虚实处理符合"宾主相辅"的原则，山水之体系抑扬顿挫、生动活泼。网师园的核心景区就是这一手法的典型代表，以水面为主，强化了"空"的意象，却又无所不包，亭、台、楼、阁依水而建，天光山色，树影花容映于池中，虚实结合，丰富了视觉效果（图4-129）。

江南私家园林多为宅园，建筑占据了全园的多半空间，建筑以其丰富多彩的造型诠释了"虚与实"的妙处，计成的《园冶》中有"亭台影罅，楼阁虚邻……""南轩寄傲，北牖虚阴……""堂虚绿野犹开，花隐重门若掩……"等记述，充分说明了建筑自身虚实处理的重要性与方法，虚实处理得当方能与庭园相衬相融。例如留园，该园是苏州私园中建筑比例最高而分布最为合理的案例，核心景区中部以水池为主导元素，楼阁轩榭等建筑临水而建，回廊、漏窗相互连接，假山、池沼相互配合，天光山色，树木交相辉映，虚实结合，东侧紧邻建筑庭院，建筑之间以墙壁隔开，方向、明暗处理得十分精巧，空间通达，内外浑然一体，构成了一幅意境深远的画面（图4-21、图4-130）。

图4-127 狮子林山水虚实之景

图4-128 网师园碧水镜画之境

图4-129 网师园东、南、北三向环水图景

图4-130 留园东、南、北三向环水图景

就建筑本身而言,外部形体为实,所围合的内、外空间则为虚;从内外空间的交流来看,墙为实,门、窗、孔、洞以及透空的柱廊为虚,这些"虚"化要素的半虚半实特性,使被分隔的空间隔而不断,相互渗透,起到了调和与过渡的作用;进而从全园建筑关系而言,在空间上还形成了近实远虚的对立统一关系。例如留园的入口区建筑序列,在狭小封闭的入口处,50多米的曲折回廊伫立于两道高墙之间,回廊的尽头是漏窗,透过漏窗可以看到中部景区若隐若现的优美景色,门窗和回廊的留虚,打破了封闭的园林格局,园林设计者把枯燥乏味的回廊表现得趣味无穷(图4-131~图4-133)。这些虚虚实实间的强烈对比关系,使得园林建筑看起来更加轻巧玲珑,内外沟通更加充分,使宅园整体更加空灵。

宅园建筑墙体大多以白色粉墙为主,按虚实处理不同而分为若干部分,有的部分以实为主,实中有虚,有的部分以虚为主,虚中有实。具体手法可归为两大类:一是与植物、山石等元素配合,网师园水岸东墙在粉墙前叠石、植花草,它们的影像映衬在白墙上,清风徐来,随风摇曳,更加凸显墙前花草树木的生机盎然,使画面更有意境,白色的粉墙就是虚处,而叠石花草就是实处,在实中求虚,在虚中求实,对比性很强(图4-134)。二是对墙体本身的处理,拙政园西园的临水游廊,西侧临水,以柱子和围栏形成界面,以虚为主,虚中有实,东侧则是白粉墙,配以漏窗,乃以实为主,实中有虚,丰富了虚实层次,既有东西侧对比变化,又能协调统一(图4-135)。

实为虚之骨,虚成实之神。有了虚,才能显出实的自然生趣;有了实,才能体现虚的空灵有致,虚实相生之理即在于此。虚实相辅相成,对立统一。处处实,则僵硬,处处虚,则形神俱散,唯有虚实相生则气韵生动。

图4-131 留园入口狭长窄廊

图4-132 窄廊漏窗框景图

图4-133 窄廊花窗透景图

4.2.6 巧亏于蔽，含而不露

中国传统文化讲究含蓄、内敛，因此山水画的创作十分重视景域和意境的深远，避讳主题直白暴露于外，画作中的山、水、屋、树相互掩映而不完全外露，流露出"桥头竹林锁酒家"、"深山藏古寺"的含蓄旨趣。含蓄在于藏，景面在于露，山水画构图中藏与露的处理，如同虚与实的关系一般微妙，既不可全部显露于外，亦不能完全遮藏于内。藏与露要如何把握？明代唐志契《绘事微言·丘壑藏露》中说："画叠嶂层崖，其路径村落寺宇，能分得隐见明白，不但远近之理了然，且趣味无尽矣。更能藏多于露处，而趣味愈无尽矣。盖一层之上更有一层，层层之中复藏一层。善藏者未始不露，善露者未始不藏。藏得妙时，便使观者不知山前山后，山左山右，有多少地步，许多林木，何尝不显？总不外躲闪处高下得宜，烟云处断续有则。若主于露而不藏，便浅薄。即藏而不善，藏亦易尽矣。"这说明如果主景始终外露而不藏，画境便会显得浅显而无味。藏是为了更好地突出画中主体景物，而将次要的景物隐藏于其他景物之中，将胜景幽境有意地隐藏起来，以突出深邃的景象，给观者以充分的想象空间。郭熙在《林泉高致》中写道："山欲高尽出之则不高，烟霞锁其腰，则高矣；水欲远尽出之则不远，掩映断其脉，则远矣。"它道出了"景越藏，景界越大；景越露，景界越小"的原理。只藏不露则意浅境晦，只露不藏则索然无味。唯藏得含蓄，露得适宜，藏露互补，方能画外有画，在猜测主体全貌的过程中获得充分的想象空间（图4-51、图4-136）。

在传统山水画中，常以山石、云团、屋宇、树木、水流、廊桥等进行遮蔽，通过墨色

图4-134 网师园水景东岸图景

图4-135 拙政园东园游廊

图4-136　南宋 夏圭 虞山图

的浓淡虚实等表现藏露关系。形态灵动的几株或一组树木往往是构成画面近景的主体，可起到遮蔽中景或远景主体的作用，产生障景的效果。树木之后的山峦、溪水、亭、云之间又会形成小组团间的藏露配合，相互协调，使画面均衡。明代画家唐寅的《西山草堂画卷》（图4-137），近景是一座茅屋庭院坐落在巨大的山石上，屋中人物隐置在松石丛林之中，相互探讨着琴棋书画，过着悠然自得的生活，表达了作者对功名失意的心情。茅屋被浓郁的松树层层包围，松树掩映着它背后的远山，隐约可见，互相穿插遮隔，透过树木的缝隙，可以看见远方无尽的山川，层峦叠嶂。近景仿佛就在眼前，远景的藏使有限的空间变为无限的遐想，层次更显深远，有藏有露，造成景外景的效果，达到了"意贵乎远，境贵乎深"的山水境界。

山水画的藏与露是在二维空间中进行布局与安排，多是利用画面前景适当遮蔽后景，使后景露而不现，"犹抱琵琶半遮面"的意蕴引人遐想。而园林中的藏与露是在三维空间中进行布局，除了前后景之间的遮挡关系外，还会通过控制空间的收放来控制视线，多以先缩小后打开的方式控制藏露，由小空间的藏景过渡到庭园大空间的突然开敞，使人在藏与露的强烈对比中获得心理上的豁然开朗之感。前文所提及的留园入口到中心庭园的布局即是这一藏露手法的妙作（图4-21～图4-25）。

江南私家园林多为位于城市范围内的宅园，造园者多是文人、士大夫、富商等文化层次较高的人，受传统儒道文化影响，"隐逸"思想成为造园的主流思想。为了在喧嚣的城市中获得一处世外桃源般静谧的私家园林，造园者多用高墙深院的封闭式格局进行造园，这即是

图4-137　明 唐寅 西山草堂画卷

图4-138　留园外景

图4-139　沧浪亭外景

"藏"的手法（图4-138～图4-140）。沈德潜《勺湖记》中的"屋宇鳞密，市声喧杂；而勺湖之地，倏然清旷，初不知外此为寰阓者。而寰阓往来之人，不知中有木石、水泉、禽鱼之胜"所记述的就是沈德潜在游勺园后对该园藏景手法高超的感叹，园外看到的只有平淡无奇的高大粉墙，根本不知园内是何景象。园内成为园主远离尘嚣、"大隐隐于市"的私属山林，园内美景深藏不外露，引园外世人竞猜想。陆游《游山西村》诗作所描述的"山重水复疑无路，柳暗花明又一村"的意境在园林中得到了再现（图4-141）。

　　陈从周先生在《说园》中写道："园林与建筑之空间，隔则深，畅则浅，斯理甚明，故假山、廊、桥、花墙、屏、幕、隔扇、书架、博古架等，皆起隔之作用。"可见，建筑墙体及其室内装饰物、山石、廊桥、花木等在园林中都可以起到"藏景"的作用。院落的高大围墙将内外空间隔开，高墙上极少采用漏窗，避免园景外露，同时也对建筑形态起到了有效的

第 4 章 山水图景的建构理法

图4-140 耦园外景

图4-141 宋 马远 秋山投宿图

遮蔽作用。园内的隔墙多会结合形式及花纹各异的漏窗进行藏景处理，隔而不断，透过漏窗，可以若隐若现地看到窗外的局部景色，可望而不可即的感受，更加引起了游赏者的好奇心，渴望一窥墙后之景。漏窗不仅使小空间中生硬、呆板的围墙生动了起来，也使园内各个空间有了联系，半藏半露，将墙内外的元素联系在一起，内外空间相互渗透，层次分明，既丰富了小空间的空间层次和趣味感受，也为园景蒙上了一层神秘的面纱。以留园为例，入口空间由暗至明、由窄而宽的空间变化，结合转角处的园林小景，使狭窄高耸的过道空间变得丰富有趣。入口空间序列的顶端为单面廊"古木交柯"，面阔三间，北面为墙体，用以对北侧核心园景进行遮蔽，以达到藏景的目的。但面阔三间、横向展开的墙壁上巧妙地一字排开了形式各异的漏窗，使得山水园景半遮半掩，隐约可见，随着欣赏角度的变化，景色也随之变化，一窗一图景，使人产生强烈的好奇心，迫不及待地想要进入园中，一览山水美景（图4-142）。

（a） （b）

图4-142 一窗一图景

在建筑的内部空间，室内的装修、摆设也能起到遮蔽、掩映的作用。如拙政园留听阁（图4-143）、留园片雅片臻（图4-144）、狮子林立雪堂等面园景而开的厅堂，其室内的落地罩、挂落，都是为了增加室内的层次感，使内外景色具有一定遮蔽，含而不露，耐人寻味。

除墙体、门窗外廊、桥在园林中同样具有遮蔽功能，是藏露互补的手法之一，其最主要的功能为分割园林空间，其空灵通透的特点又使空间隔而不断，使廊桥两侧的景色互不外露而又相互联系。这其中最著名的即为苏州拙政园中的小飞虹，它位于倚玉轩西南，斜跨于从大水池分流南去的河岸上，东接由倚玉轩南下的曲廊（图4-145）。小飞虹集桥、亭、廊于一体，造型秀美，曲线柔和，那略带弧线形的屋顶，檐下精美细致的挂落，华美透空的栏杆，本身就构成了空灵优美的景观，仿佛彩虹一样立于水面上，使得其前后的景致若隐若现、若显若藏（图4-146）。站在"小沧浪"凭栏北望，透过"小飞虹"可见荷风四面亭

图4-143 拙政园留听阁落地罩

图4-144 留园片雅片臻落地罩

图4-145 南观小飞虹一带图景

图4-146 拙政园小飞虹及得真亭

图4-147 由小沧浪观小飞虹及荷风四面亭图景　　图4-148 由香洲南眺小飞虹图景

一带景观，空间深邃，意境深远（图4-147）。如再从荷风四面亭岛上或"香洲"平台上南望，视线透过"小飞虹"，又可见松风亭或"小沧浪"一带景物，隐隐约约、深不可测，可谓"景外有景，象外有象"（图4-148）。还有网师园中部水景位于水口和水尾的石板桥和小拱桥（图4-149、图4-150），同样具有遮蔽藏景的作用，此处遮蔽最主要的目的在于划分小水面，遮挡水岸的边界，使得水域面积不大的中心水景看起来延绵不绝，一派"君不见，黄河之水天上来，奔流到海不复回"（李白《将进酒》）的意境。

　　江南私家园林中的假山、置石等同样是藏景手法的体现，多布置在园林空间的入口、厅堂门前等空间过渡区域，遮挡人的视线，使观赏者不能一览无余地欣赏到整个园林的景色。例如以假山之胜而名闻天下的狮子林，一进入主庭园，就有一座错落有致的假山遮挡住视线，显得十分含蓄，观赏者必须绕过曲折盘旋的假山，穿过宛转的回廊，透过回廊上的透窗，方能看到园内山石嶙峋、树木葱郁的苍润景色（图4-151）。园中的假山上下迂回曲折，长廊环绕，就像迷宫一样，游人游览洞壑，左右盘旋，忽而险隘，忽而平缓，只有沿着山路才能慢慢走出来，给观赏者带来一种神秘的趣味（图4-152、图4-153）。它的卧云室被湖石假山层层环抱，表达出深藏于密处的特点，通过怪石嶙峋的假山石峰，可以看到部分亭台楼窗，造园者这种奇特的以藏为主的设计方法，堪称一绝（图4-154）。还有拙政园入口的黄石假山，即为在腰门处阻隔游赏者的视线，不让人对园内一览无余，藏景于内。绕过假山，跨过曲桥，进入远香堂前的主景空间，眼前景象豁然开朗，山水之势奔涌而来，这即是园林入口空间常用的"障景"手法，也是画论中所说的"藏处多于露处"的艺术手法，它能使人渐入佳境，一路上细细品味，韵味无穷（图4-89~图4-94）。有藏有露，藏露互补，才能使园内处处隔而不断、隔而不绝，从而成为层次分明、意境深远的城市山林。

　　在获得藏景效果的同时，山石藏景手法亦将空间进行了划分，增加了园林景观空间的层

第4章 山水图景的建构理法

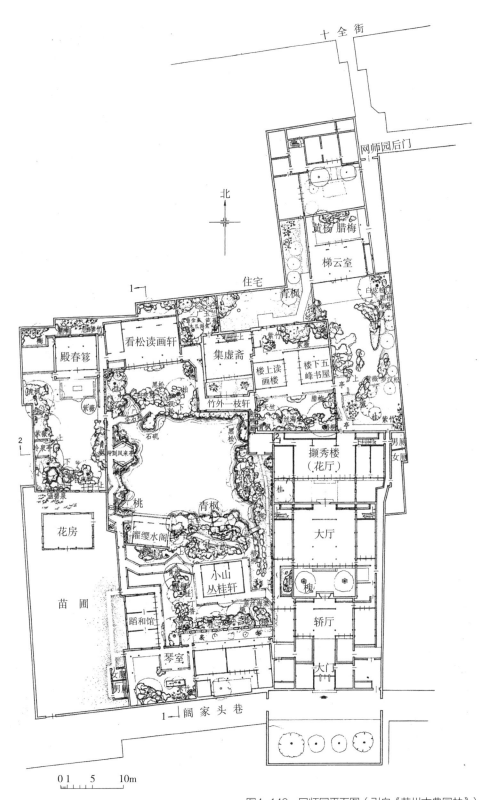

图4-149 网师园平面图（引自《苏州古典园林》）

图4-150　网师园由东南水尾小拱桥望西北水口平石桥

图4-151　狮子林主庭园入口假山障景

图4-152　狮子林假山奇趣

图4-153　狮子林假山奇趣

次，使狭小的庭园空间不见尽头，实现了景有界而意无限的境界。尤其在高大粉墙围合的空间中，墙前的山石配合花木，既是对墙体的遮挡，亦增加了人与墙之间的景深。网师园殿春簃中就运用了这一造景手法，使人关注优美的山林景色，而忽视了高大粉墙的边界感和压迫感，粉墙成为画纸，山林之景仿佛跃然纸上的山水画一般引人遐想（图4-155、图4-156）。

由此可见，单用山石尚不足以成画境，花木的配合是必不可少的，以花木作隔，是园林藏景最自然天成的方式。以沧浪亭为例，苏舜钦《沧浪亭记》中对其藏景手法有"其地益阔，旁无民居，左右皆林木相亏蔽"（图4-157）的记述，"蔽"为遮隔之意，"亏"为透景之意，亏蔽即为藏露之意，园林以山林为中心，尤其是翠玲珑中的竹子最为有特色，在翠竹的掩映下，四周环列建筑，透过廊中的漏窗可以看到清风徐来、万竿摇曳的翠竹（图4-158）。树木和竹子相互掩映，花的芳香沁人心脾，疏密之间，若隐若现的景物给欣赏者带来了无限神秘感（图4-159）。不论是怎样的花木群生或杂生，林立高大，低矮稀疏，其他的景物都能和它相互穿插，藏漏互补，形成园林的意境美。犹如欧阳修在《蝶恋花》中所描述的"庭院深深深几许，杨柳堆烟，帘幕无重数"的意境一般。

第 4 章 山水图景的建构理法

图4-154 狮子林卧云室

图4-155 网师园殿春簃粉墙伴亭图景

图4-156 网师园殿春簃粉墙伴山图景

图4-157 沧浪亭外林水相映

图4-158 沧浪亭花窗透竹

图4-159 沧浪亭竹林幽径

4.2.7 疏可走马，密不透风

在山水画的创作中，定立宾主、虚实结合、藏露互补的目的既是为了画面构图的和谐统一，更为重要的是突出画面中的主体，通过对比关系使其成为画面的重心，没有客体就无所谓主体，处处实则无重点可寻，有藏有露才能意趣横生。除此之外，疏密的对比关系是否得当，节奏变化是否合理，是与宾主、虚实、藏露相配合的构图策略，是打破构图平庸和呆板的关键。沈宗骞《芥舟学画编》："疏密相生而相应，浓淡相间而相成。"清代蒋和《写竹杂记》："树石布置，须疏密相间，虚实相生，乃得画理。"（图4-160、图4-161）所讲都是宾主、虚实、藏露、疏密相互配合的技法。疏密对比的关系反映到画面上即黑白变化、浓淡变化、聚散变化、虚实变化、增减变化、大小变化、藏露变化等。

清代包世臣在《艺舟双楫》中曾引述大书法家邓石如对于字画疏密技巧的阐述："字画疏处可以走马，密处不使透风，常计白以当黑，奇趣乃出。"（图4-162、图4-163）邓石如的书法作品具有个人风格明显的情趣和意味，而这种"趣味"的实现依靠的是线条块面在作品空间中的独特排布，巧妙处理疏与密、黑与白的关系，使作品呈现出疏朗而不松懈，紧密而不拥塞的秩序感和节奏感，达到了微妙的动态平衡，从而增加作品的情趣和意味。

书法之趣亦通于山水画之味。要注意的是，疏处不是空虚无物，还应有景有象，做到计白当黑，给观者以想象的余地，密处不能使人感到窒息，还应有供呼吸的地方。正如王伯敏在《黄宾虹画语录》中记述的黄宾虹对疏密关系的描述："疏可走马，则疏处不是空虚，还得有景。密不通风，还得有立锥之地。"（图4-164）

图4-160　清　沈宗骞　西塞山庄图

第 4 章　山水图景的建构理法

图4-161　清 沈宗骞 竹林听泉图

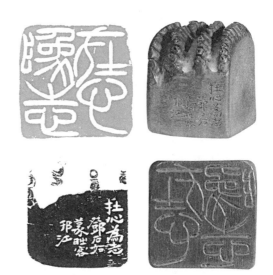

图4-162　清 邓石如 "在心为志" 篆刻

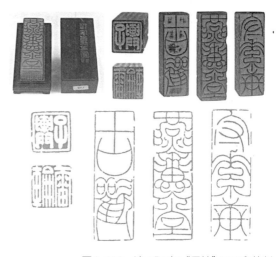

图4-163　清 邓石如 "雷轮" 五面印篆刻

此外，起伏节奏控制也是疏密关系处理中的重要环节，清郑绩《梦幻居画学简明》中记载："凡布景要明虚实，虚实在乎生变。生变之诀，虚虚实实，实实虚虚，八字尽之矣。以一幅而论，如一处聚密，必间一处放疏，以舒其气，此虚实相生法也。至其密处有疏，如山石树屋，凡出顶处，须避疏留眼，毋相逼撞是也。疏处有密，如海阔则藏以波涛舟楫，天空则接以飞鸟云烟是也。此实中虚，虚中实也。明乎此，庶免迫塞之忌。""疏处不见其缺，旷处不觉其空，方得疏旷秘诀。"潘天寿《听天阁画谈随笔》："画事之布置，极重疏密虚实四字，能疏宕，能虚实，即能得空灵变化于景外矣。"（图4-165、图4-166）疏密节奏把握

图4-164　黄宾虹 山水　　图4-165　潘天寿 雨后千山铁铸成　　图4-166　潘天寿 八哥崖石图

恰当，能使画面产生灵动的美感，主体表达鲜明突出，反之则混沌不清。画面过于繁密，会让人从视觉和心理上产生压抑的感觉；过于疏松则散气，画面中心支撑不住。

　　同山水画一样，江南园林在总体布局和位置经营上也遵循着疏密相间的原则。园林中的疏密相间，主要体现在山石、植物配置，水面划分及建筑物的排布上。童寯先生在《江南园林志》中将疏密得宜视为营造园境的第一要点。他以拙政园为例："远香堂北，山池开朗，展高下之姿，兼屏障之势。疏中有密，密中有疏，张弛启合，两得其宜，即第一境界也。"（图4-101、图4-91、图4-92）

　　掇山中的布局及位置经营是疏密原则体现最为集中、最为明显的环节。山石堆叠密集，可形成威严高耸、万壑千岩的形象，给人咫尺山林的茂美之感；布置疏朗、散落稀疏的山石与之形成对比，起到画龙点睛的作用，也是因地制宜的体现。如若园中处处都是体量硕大、巍峨堆叠的山林石林，则会使有限的庭园空间极度压缩，强烈的压迫感会使人无法透气。狮子林中的山石在疏密对比上的处理就恰到好处，密处千岩万壑，疏处秀峰独立，一疏一密，相得益彰（图4-167）。

　　江南私家园林以自然美取胜，山石之美必有植物相衬，在植物配置上只采用自然式种植，讲究的是聚散的配合。在聚散配置中，疏密关系体现在孤植与丛植的配合上。孤植即为植物景观中疏朗的环节，孤植体现的是植物单体的姿态、色泽、韵味的美感，是景观体系中点景的重要手法。孤植多布置在建筑物旁、庭院角隅、廊之转角、桥头、入口、路口等空间转换的位置，起点缀的作用，且惯与假山石、池塘等搭配，形成园林小景（图4-168）。在植物选择方面多以古木为先，这与山水画前景中植物处理手法一致，古木孤植更易让人感觉姿态隽永、意境延绵。正如计成在《园冶·相地》中所讲："斯谓雕栋飞楹构易，荫槐挺玉成难。相地合宜，构园得体。"古木大树，应尽量保留，造园时基址中原有的古木将成为园中独有的景观亮点。网师园中心水景北岸高大的古柏，粗壮硕大，虬曲多姿，可分几面入画，虽老态龙钟，仍然浓荫遮

图4-167　狮子林假山伴亭图景

盖、气象未衰，成为该园重要的景观，与宁静细腻的水面形成鲜明的对比，树映水上，如画一般（图4-169）。孤植与丛植本身就包含着疏与密的对比，孤植与丛植的巧妙结合可获得疏密相间、嘉木葱茏的气氛。

　　山水相映，方成一画，水面的布置也要注意疏密的把握。水面的疏密是通过聚和散的手法来控制的。集中而静的水面使人感到开阔宁静，一般中小型园林多采用这种布局形式。和集中用水相对的是分散用水，它用化整为零的方法把水面分割成互相连通的若干小块，这样便可因水的来去无源流而产生隐约、迷离、不可穷尽的感觉。所谓"大水面宜分小水面宜聚。水分而见其层次，游无倦意；水聚则不觉其小，览之有物"。网师园即采用集中用水的方法，一泓池水充满了东西向空间，建筑灵活设置于池的南北两侧，园正中的这泓池水面积虽不大，但它如一面明镜，映照着天光、云影和周围的建筑（图4-129）。

　　园林中的疏密关系反映在建筑上，主要表现为建筑分布的不均匀化，稀疏之处开朗通透，密集之地重檐叠嶂，也因这一布局手法，使得园内庭园面积有着丰富的大小变化，使得宾主相辅，关系和谐。这种疏密的强烈对比，使建筑布局产生了张弛有度的节奏感，与园中景观相互呼应，如留园的建筑分布很不均匀，疏密对比很强烈，石林小院附近，屋宇鳞次栉比，内外空间交错，使人有应接不暇的感觉，但有些部分的建筑则十分稀疏、平

淡，使人感到放松和悠然。疏密对比不仅表现在平面布局上，还反映在空间和立面处理上。江南园林的建筑大多沿园子的四周排列，人处其中可以环顾四面的建筑，为了避免单调雷同，这四个面都有变化，一般将其中一个或两个面的建筑排列密集，其余面稀疏松散。如留园中部景区，建筑沿园的四周排列，东部最密集，南部次之，西、北则比较稀疏（图4-170、图4-171）。

图4-168　网师园建筑角隅油松孤植

图4-169　网师园看松读画轩观古柏

图4-170　网师园水景西、南岸图景

图4-171　网师园水景东、北岸图景

4.2.8 曲折尽致，景移境异

在中国传统山水画中，从前景寻径望向远景，均是曲折而上，画面中的山石、屋宇、树丛等物象极少出现在同一轴线上，而是沿曲折的路线进行布局，山路与屋宇在盘山而上的进程中时隐时现，令人无法猜透山路有多悠长，在转角处又有何等美景会出现在眼前，引人遐想，使得画境无限深远。唐代王维《山水诀》："路要曲折，山要高昂"；清唐岱《绘事发微》："樵径斜穿，盘迂曲折而下。"；清代方薰《山静居画论》："古画中楼观台殿，塔院方廊，位置折落，刻意迂曲，却自古雅。"以上所讲均为山水画布局中勾勒旋转，求曲避直的原则。山水画中各种曲折顿挫、缭绕宛转的线条，统摄了整个画面的构图，给气象万千的山水画增添了无限生机（图4-172）。

江南私家园林多小巧精致，为了在有限的空间内营造出无限的园境，在路径的设计上就一定要避直求曲，在有限的空间里要实现幽深的游园感受，将路径变得曲折，人为地延长游赏的距离从而扩展景深，其原理与山水画布局如出一辙。以网师园中心景区为例，在直线距离不足20米的方形空间内，从水岸的任何方向想要到达对岸都要绕行水岸才能到达，途中既有云岗的山中小径，亦有月到风来亭的爬山廊道，还有曲折的景廊——射鸭廊，既丰富了观景方式，又增加了行进的距离和路径的趣味性，极大地增加了园境的幽深感（图4-149、图4-129、图4-170）。这就是江南私家园林中"曲径通幽"的手法，曲折尽致，则境界深邃幽美。

图4-172 明 董其昌 夏木垂阴图

图4-173　留园小蓬莱图景

图4-174　折曲廊桥衔接小蓬莱与濠濮亭

"曲径通幽"一词即出自唐诗《题破山寺后禅院》："曲径通幽处，禅房花木深"，反映出诗画对于"曲"境的推崇。此外，唐代司空图《二十四诗品》："似往已回，如幽匪藏"也是诗人对曲径之美的赞赏。清代恽格《南田画跋》："景贵乎深，不曲不深也"是画论中对曲折之妙的记述。园论对曲径通幽的记述就更加不可胜数。明代程羽文《清闲供·小蓬莱》："门内有径，径欲曲。径转有屏，屏欲小。"（图4-173、图4-174）清代李斗《扬州画舫录》："近郊溪山，空明一片，游其间者，如蚁穿九曲珠，又如琉璃屏风，曲曲引人入胜也。"以上都是对园林中追求"曲径通幽"园境的记述。

曲径在江南园林中有很多表现形态。童寯先生在《江南园林志》中对于园境有这样的描述："盖为园有三境界，评定其难易高下，亦以此次第焉。第一、疏密得宜；其次、曲折尽致；第三、眼前有景。试以苏州拙政园为喻。园周及入门处，回廊曲桥，紧而不挤。远香堂北，山池开朗，展高下之姿，兼屏障之势。疏中有密，密中有疏，弛张启阖，两得其宜，即第一境界也（图4-88、图4-94）。然布置疏密，忌排偶而贵活变，此迂回曲折之必不可少也。放翁诗：'山重水复疑无路，柳暗花明又一村。'侧看成峰，横看成岭，山回路转，前后掩映，隐现无穷，借景对景，应接不暇，乃不觉而步入第三境界矣。斯园亭榭安排，于疏密、曲折、对景三者，由一境界入另一境界，可望可即，斜正参差，升堂入室，逐渐提高，左顾右盼，含蓄不尽。其经营位置，引人入胜，可谓无毫发遗憾者矣。"第一境为疏密之境，而第二、第三所说的就是"曲径通幽，一步一景"的园境，可见曲折的布局对于园境营造的重要作用。

江南私家园林以"曲"为贵突出地体现在布局中以"曲折"为主旨的构思。清代学者俞越在苏州建造的宅园，地形、建筑、道路等营园要素皆曲折置于园中，取老子"曲则全，枉则正"之意，故得名"曲园"，人称"俞曲园"。俞越在《曲园记》中写道：曲园者，一曲而已……山不甚高，且乏透、瘦、漏之妙，然山径亦小有曲折。自其东南入山，由山洞西行，小折而南，即有梯级可登……自东北下山，遵山径北行，有回峰阁。度阁而下，复遵山径北行，又得山洞……艮宦之西，修廊属焉，循之行，曲折而西，有屋南向，窗牖丽镂，是曰达斋。……由达斋循廊西行，折而南，得一亭，小池环之，周十有一丈，名其池曰曲池，名其亭曰曲水亭。俞越生动形象地描述了曲园造景中对曲折之法的妙用，曲园虽小，但循东折西，处处有曲，峰回路转，颇多曲意（图4-175、图2-30）。

从园林构成三要素来看，主要是建筑构成的曲径、山水构成的曲径和花木构成的曲径三大类。建筑构成的曲径主要有曲廊、曲室等。江南园林中的廊，宜曲宜长，随形而弯，依势而曲。爬山廊、空廊、水廊、回廊、楼廊、复廊等，都以独特的曲折美给人奇妙的感觉（图4-176、图4-177）。乾隆在《涵雅斋得句》中曾言："回廊宁借多，曲折以致深"，说明了曲折萦纡能造就出深邃美的境界。曲廊多逶迤曲折，一部分依墙而建，其他部分转折向外，组成墙与廊之间不同大小、不同形状的小院落，其中栽花叠石，为园林增添了空间层次多变的优美景色，如网师园中水岸西侧由濯缨水阁经月到风来亭至殿春簃月洞门间的爬山廊（图4-178）。还有拙政园中起于三十六鸳鸯馆经别有洞天至倒影楼的波形水廊，这一段曲廊，完全凌驾于水上，起伏相继，张弛有度，游走其上，就像泛舟湖上一般，有起伏飘荡之感。水廊分为南北两部分，南段始于别有洞天入口，终于三十六鸳鸯馆，北段止于倒影楼，悬空于水上，整条水廊由南往北，经过一系列的弯曲起伏后，转折幅度加大，特别是折向倒影楼处近于急转弯，靠近倒影楼的终点处，在其下设一水洞，让廊跨越而过，使园的中、西部水系相通，远看水廊，似长虹卧波，气势非凡（图4-179）。

此外，还有山水构成的曲径，有曲蹊、曲桥、曲岸等。山间、山上的曲径，被称为曲蹊（图4-180）。水上的曲径，主要是曲桥。江南园林空间小，水面窄，适宜用最富曲折的平曲。人们在曲桥上三曲四折，游兴倍增。池中莲荷高下，水面亭台倒影，每一折一转，步步有景（图4-181）。江南园林的水形皆为自然形，故水岸即为去岸，沿水岸行进，曲折悠长。水曲山绕、廊曲院折的骨架布局使得江南园林中的植物造景也随之一曲一折，才有了"小园香径独徘徊，窈窕通幽一径长"的园林妙境。

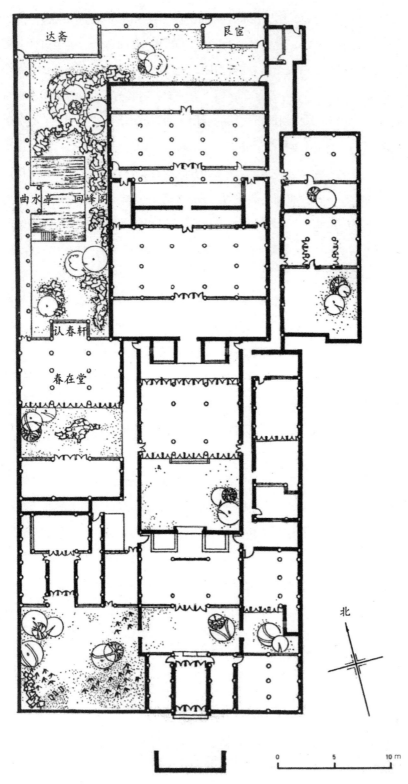

图4-175 曲园平面图（引自《苏州旧住宅》）

第 4 章　山水图景的建构理法

图4-176　留园闻木樨香轩北曲廊

图4-177　留园远翠阁西曲廊

图4-178　网师园月到风来亭及曲廊

图4-179 拙政园西园临水曲廊

图4-180 狮子林登山曲蹊

图4-181 狮子林湖心亭两侧曲桥

第5章 山水图景的形式语言

就山水画而言，主要的形式语言包括运线和设色，在长期的创作积累中，山水画家将对于自然山水的所观、所感记录在不可计数的画作中，通过单色的墨线来承载绘画思想是所有画作中共通一致的，但在着色方面则因人而异，有的追求淡雅内敛，有的追求浓妆艳抹，都是创作者思想感情的寄托。这些线与色的形式语言表达在江南私家园林的营造过程中实现了物化，形异而神似，情境交融。

5.1 自由隽永的线性语言

白描（线描）是国画中最基本也是最重要的表现形式，更是传统山水画最根本的形式语言。"线"描语言既是山水画的重要组成要素，又是塑造形象的方法，是中国画显著的艺术特点，历代画家都十分重视线的表现作用，他们运用各种各样的线语言描绘出了丰富多彩的秀美的自然风光（图5-1）。

隋以前，山水画还未成为独立的分支，多作为人物画背景而出现，处理表达均比较简单，只用中锋勾勒，没有太多的浓淡、虚实、疏密等变化，直至隋代展子虔的《游春图》才使山水画的线条得到真正的重视（图5-2）。

《游春图》是中国存世最早的山水画杰作，是以山水画作为独立绘画分支的代表作。其画法古朴，构图妥帖精妙，运笔工细劲俏，设色绚丽典雅，情调委婉丰富，咫尺之内，备千里之趣。该画描绘了在风和日丽、阳光明媚的春季，游人到山间水旁踏青

图5-1 清 弘仁 陶庵图

图5-2　隋　展子虔　游春图

的情景。全画以自然景色为主，人物点缀其间。湖边一条曲折的小径，蜿蜒伸入幽静的山谷。人们或骑马，或步行，沿途观赏青山绿水、花团锦簇的胜境。在波光粼粼的湖面上，一艘游船缓缓荡漾，船上坐着的几个女子似被四周景色所陶醉，流连忘返。山腰和山坳间建有几处佛寺，十分幽静，令人神往。最为重要的是画家运用细而有力的线条勾画出了物象的轮廓，人物虽然小如豆粒，但一丝不苟，形态毕现。山石树木只用线条画出，可以看到行笔的轻重、粗细、顿挫、转折的变化，但尚未见到唐代以后绘画中出现的皴擦技法。画作以线描绘物体的外在形态，通过简练的形式准确地表现形态各异的景色，把外在的形态转化成富有韵律的线条，不论是静态的还是动态的，都能凝练地概括其特点，成为早期山水"以线绘境"的典范。

随着山水画的逐渐成熟，线描风格大致可归为两大类，一类是以倪瓒为代表的简洁清幽画风，一类是以王蒙为代表浓重繁密画风（图5-3）。倪瓒的山水画以其独特的清幽、简洁和鲜明的个性特征而著称，作品多画太湖一带山水，构图平远，景物极简，多作疏林坡岸，浅水遥岑，用笔变中锋为侧锋，折带皴画山石，枯笔干墨，淡雅松秀，意境荒寒空寂，风格萧散超逸，墨竹箫爽清丽。论画主张抒发主观感情，认为绘画应表现作者"胸中逸气"，不求形似，"仆之所谓画者，不过逸笔草草，不求形似，聊以自娱耳"。绘有《狮子林图》（图1-11）、《秋林野兴图》（图2-41）、《秋亭嘉树图》（图3-16）、《虞山林壑图》（图3-20）、《江渚风林图》（图5-4）、《竹树野石图》（图5-5）、《梧竹秀石图》（图5-6）、《幽涧寒松图》（图

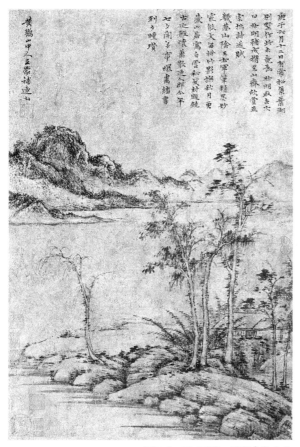
图5-3 元 王蒙、倪瓒合作山水

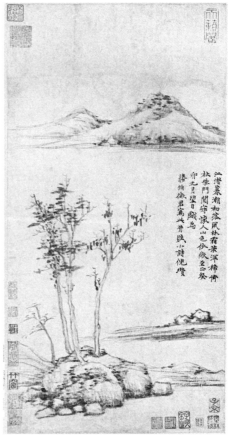
图5-4 元 倪瓒 江渚风林图

5-7)、《雨后空林图》(图5-8)、《云林春霁图》(图5-9)、《紫芝山房图》(图5-10)、《安处斋图》(图5-11)、《春藤古木图》(图5-12)、《九龙山居图》(图5-13)、《六君子图》(图5-14)、《容膝斋图》(图5-15)、《水竹居图》(图5-16)等传世佳作。画面往往只有几株形态各异的枯树,用干而枯的线条绘出,辅以挺拔有力的长线条画出的山石,再配上"介"字形或"个"字形的寥寥干叶;没有人物,也没有动水,仅以长线勾出些许水纹。画面虽没有壮美的大山大水,但给人一种平淡自然的境界。

王蒙与黄公望(图5-17)、吴镇(图5-18)、倪瓒合称"元四家"。王蒙的画正好和倪瓒的相反,作品以繁密见胜,重峦叠嶂,长松茂树,气势充沛,变化多端,喜用解索皴、牛毛皴,干湿互用,寄秀润清新于厚重浑穆之中,苔点多焦墨渴笔,顺势而下。存世作品有《辋川图》(图2-38)、《太白苍然图》(图4-17)、《太白山图》(图4-54)、《花溪渔隐图》(图4-55)、《秋山草堂图》(图4-56)、《西郊草堂图》(图4-57)、《葛稚川移居图》(图4-68)、《夏山高隐图》(图4-69)、《青卞隐居图》(图4-70)、《春山读书图》(图4-71)、《东山草堂图》(图

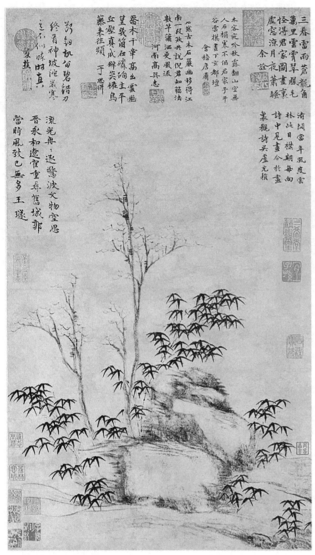

图5-5 元 倪瓒 竹树野石图　　　　图5-6 元 倪瓒 梧竹秀石图

4-73)、《夏日山居图》(图4-73)、《层峦萧寺图》(图5-19)、《谷口春耕图》(图5-20)、《秋山萧寺图》(图5-21)、《霜柯竹石图》(图5-22)、《丹崖翠壑图》(图5-23)、《关山萧寺图》(图5-24)、《溪山高逸图》(图5-25)等。画作以繁密多变的线条来表现画面空间，丛林茂树，崇山叠岭，景色应有尽有，都是用淡的线条表现石头的质感，解索皴和披麻皴并用，再以少而干的墨破之，山石的结构线处都画上了重的苔点。树的画法更是姿态各异，有的像蟹爪，有的像牛毛皴，整幅画很少留有空白，构图饱满，疏密有致，用变化丰富的线条表现了复杂的、气势苍茫的山水景象。

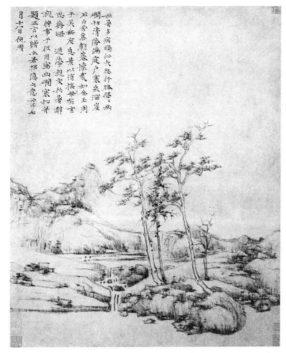

图5-7 元 倪瓒 幽涧寒松图　　　　图5-8 元 倪瓒 雨后空林图

图5-9 元 倪瓒 云林春霁图　　　　图5-10 元 倪瓒 紫芝山房图

图5-11 元 倪瓒 安处斋图

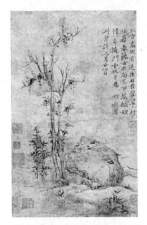

图5-12 元 倪瓒 春藤古木图

无论是简雅还是繁密,在山水画中都是用线来组成各式图形,是一种平面化的表现形式,线条或规整齐直,或自由曲合,会随着画家感情的变化而变化,是画家个性及思想的表达语言。线条的粗细、浓淡、轻重缓急代表了不同的情感表达,表现了不同的韵律美,线条处理到精妙之处甚至会迸发出景色的无限生命力。画家通过长期深入细致的观察和悟道,掌握了瞬息万变的山水景色的自然规律,用自然的线条来描绘其空间结构,

图5-13 元 倪瓒 九龙山居图

图5-14　元　倪瓒　六君子图　　　　图5-15　元　倪瓒　容膝斋图　　　　图5-16　元　倪瓒　水竹居图

图5-17 元 黄公望 虞山图　　　　图5-18 元 吴镇 渔父图

强调线条的流畅性。线的表现不受客观对象的限制,根据画家的主观意识,运用独特的笔墨语言,创造极具个性的线条节奏美,强调景物的神韵特征,写山水之神。

前文所分析的园林造境中的虚实、疏密、曲折等手法都是江南私家园林中对于"线"式语言的表达。从整体上看,江南私家园林历来追求自由的、不规则的园林布局形式,园境的营造反对机械式模仿,完全照搬、临摹自然,反对一切没有生机的景色,在造境时追求不规

图5-19 元 王蒙 层峦萧寺图

图5-20 元 王蒙 谷口春耕图

图5-21 元 王蒙 秋山萧寺图

图5-22　元　王蒙　霜柯竹石图　　　　图5-23　元　王蒙　丹崖翠壑图

则的美、曲折的空间组合及路线形象，将各个点以线的形式串联了起来，展示了线的运动性和自然婉转的形态，这种以曲线来表现园林意境的空间组合法，给人以无限遐想，步步引人入胜，与开合、宾主、藏露等空间构图原则相辅相成。

从细节上看，曲线本身就是一种景色美，水际迂回的曲岸，曲廊，小桥，错落有致的树木都是线的曲折运动性的体现，这些景物是那么自然地组合在一起，相互穿插，观赏者沿着曲折婉转的道路浏览风景时，在每到一个拐角处都能看到意想不到的美丽景象，它们吸引着人们前行去探寻新的境界，扩宽了园林的空间范围，这种曲线美和山水画中的表现方法是一

图5-24 元 王蒙 关山萧寺图　　　　　　　　　图5-25 元 王蒙 溪山高逸图

致的。不论是山间曲折的小径,还是园内随处可见的景观,都是画家思想的注入,都被造园设计者赋予了无限生命力,产生了连绵不尽的境界美。还有在江南私家园林中,无论是在行进中还是驻足观望时,游人眼前的天际线都随着屋、树、山石等要素组合的变化而呈现出不断变化的蜿蜒曲折的线性美感(图5-26)。

　　此外,高大白色的粉墙,使得墙前的皴石瘦植、古树枯木更似画纸上的一幅白描佳作(图5-27)。这其中更以"石"之技法受山水画用线技法影响最为突出。山水画中画石包括勾、皴、擦、点、染5个步骤,其中皴法是表现石材结构和肌理等自然客观特征的系统技法,

图5-26 留园水映天际

也是对江南私家园林掇山、叠石、置石影响最明显的山水画技法。皴法以提炼、概括过的形式语言将自然状态下纷繁复杂的山石景色进行分类,从而在客观和主观理想之间,在抽象和现实主义之间找到了折中的道路,根据狮子林、留园中植物与置石组景与画作的对比可以明显地发现,从形到意的匹配十分贴切,而这些图景无一不是通过造景元素所涵盖的线性特征在表达画作中的图景意境（图5-27~图5-31）。山石的表现在传统山水画中占有十分重要的位置,雄奇的山石表达出了中国人惯有的对自然的崇拜,是高贵品质的象征,这也是江南私家园林中掇山置石占有非常重要的地位的原因所在。

图5-27 网师园粉墙小景与元代吴镇绘墨梅图对比

图5-28 留园假山与元代吴镇绘清江春晓图对比

第5章 山水图景的形式语言

5.2 简远淡雅的色彩语言

中国文人画匠偏爱含蓄之美，在色彩上追求有意无意、若淡若无的水墨形式，以淡雅、简约、柔润为美，以简代繁、以少胜多，凝练地概括大自然山水的色彩，多以花青为主色调，配以少量的赭石、红色等，是创作者的主观想象和景色固有色彩的综合表现。江南私家园林"简远、疏朗、雅致、天然"的风格特点恰与山水画设色方式相一致。

青绿山水是传统山水画中典型的设色形式，最早的山水画《游春图》即是以青绿颜色为主色调，突出了春色盎然的郊野山水风光。这种设色方式对李思训金碧辉煌的画风产生了重要影响。李思训出身贵族，对皇家贵族富丽堂皇的建筑景色十分了解，但一度被贬官，归隐山林，他把皇家豪华富丽的景色与山林野逸的景色结合在一起，笔格遒劲，设色艳

图5-29 留园竹石与元代倪瓒绘梧竹秀石图对比

图5-30 狮子林修竹伴石与元代高克恭绘墨竹坡石图对比

图5-31 留园石树框景与元代赵孟頫绘秀石疏林图对比

丽,层峦叠嶂,再加以宫殿楼阁,创造了独特的青绿山水画,为以后色彩的发展奠定了基础(图5-32、图5-33)。

水墨山水是传统山水画中最主要的设色方式,以王维为代表的水墨山水画派将五彩的世界以纯水墨出之,仅用黑白来表现画面的效果,黑白对比,变化组合,明暗浓淡,点染成画(图5-34)。水墨山水强调"虚、白"的意蕴,完全摒弃了丰富多彩的设色方式,是画家主观思想的表达。黑代表沉稳幽深,是实,白代表空灵开阔,是虚,虚实结合,黑白面积大小的处理完全由画家的情感所掌控,黑白对比强烈,

图5-32 唐 李思训 御苑采莲图

使画面更具震撼力。墨的浓淡虚实处理使画面效果更加丰富，营造出了一种朴素、淡雅的自然美感，满足了文人士大夫追求宁静平淡的审美需求。"平淡、柔润"成为山水画的最高格调和正宗。倪瓒的画作代表了这一"简远高逸"境界的最高峰，他在人生后期的画作几乎绝少用色，甚至连一颗红色的印都不盖。整个画以简制胜，表现出一种极其清幽、恬淡、宁静的美，给人一种淡淡的哀伤之美。所著画册更以"平淡天真"点题，可见其淡泊致远的心境，册中以墨线描绘了树、石、山的刻画方法，并寥寥配文以抒图景的意蕴（图5-35）。水墨山水在构图上也不表现大的场景，而是以一两个土坡、两三棵枯树为主，表现的都是小景。宋朝著名文人苏轼即以"简古"、"萧散简远"、"清新"、"清丽"来形容山水画的

图5-33　唐 李思训 江帆楼阁图

(a）唐 王维 千岩万壑图及局部（左部）

(b）唐 王维 千岩万壑图及局部（中部）

这一至高境界（图5-36、图5-37）。

　　浅绛山水是水墨山水中的典型代表，在水墨勾勒皴染的基础上，以赭石为主色的淡彩山水画。这种设色特点，始于南唐董源（图4-48~图4-50），盛于元代黄公望，亦称"吴装"山水

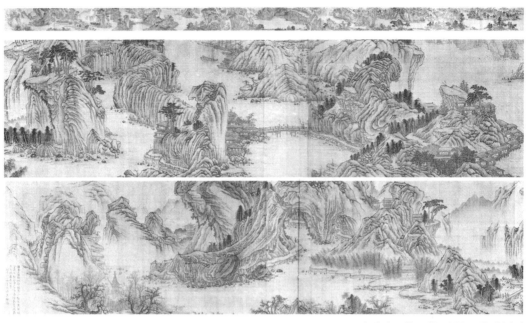

(c)唐 王维 千岩万壑图及局部(右部)

图5-34 唐 王维 千岩万壑图及局部

(图5-38~图5-44)。浅绛山水画素雅清淡,明快透澈。清代沈宗骞《芥舟学画编》有载:"浅绛山水,则全以墨为主,而其色轻重之足关矣。"他强调了笔墨为画面状物构形的基础,墨色足后,略施淡彩,画面色调单纯统一,减少浓淡和轻重的变化,而其色多施于山石之上。《芥子园画传》记载:"黄公望皴,仿虞山石面,色善用赭石,浅浅施之,有时再以赭笔钩出大概。王蒙复以赭石和藤黄着山水,其山头喜蓬蓬松松画草,再以赭色钩出,时而竟不着色,只以赭石着山水中人面及松皮而已。"墨色变化自然,在水墨渲染后再加以淡淡的色彩,与有节奏的线条融为一体。

江南私家园林造园深受山水绘画的影响,具有高度一致的审美标准,加之江南地区气候湿润、草木葱郁、山明水秀,自身极具清幽的本质,因此,在园林的色彩处理上追求清寂脱俗、自然雅致的风格。这种色彩格调深受山水画设色方式的影响,整个园林以清新、淡雅为主色调,朴实而又幽深。园林色彩布置以回归自然为主题,充分利用自然条件描绘自然的美,白色的粉墙、深灰色的砖瓦山石、暗红色的屋宇廊亭,辅以少许鲜亮颜色的植物来点缀画面,整个园林一派生机盎然之气。天空、树木、山石、建筑,各个颜色相互协调统一,整个空间以素雅为主,具有强烈的主体个性,犹如一幅水墨渲染画,简单的画面却营造出浓浓的意境(图5-45)。

从园林整体来看,庭园的山石、水体、植物色彩最为明显,可最直接、有效地生

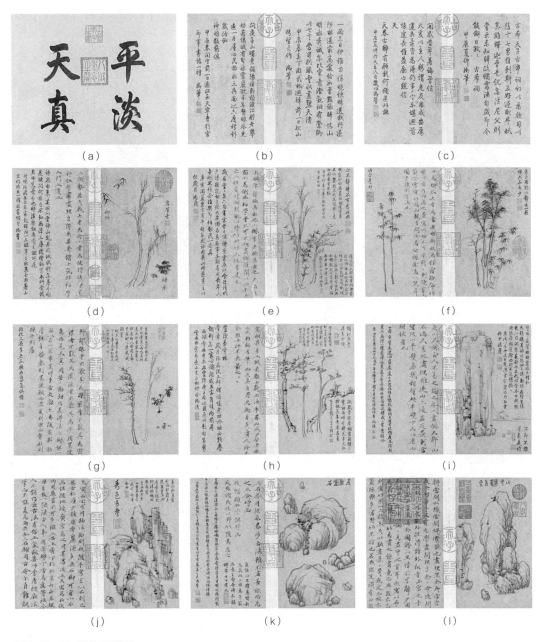

图5-35 元 倪瓒 画谱册

成如同山水画一般的色彩效果。但如果仅是自然景观色彩的相似，未免显得简单而直白，不易将山水画境的意蕴表达充分。因此，墙体、建筑以至室内外空间的设色都须与山石、水体、植物在色彩上相互映衬和配合，才可在色彩方面实现淡雅简远的整体意境（图5-46）。

黑、白、灰在绘画色彩理论中被认为是"无"色系，也是传统山水画的主色调。

第5章 山水图景的形式语言

图5-36 宋 苏轼 枯木竹石图

图5-37 宋 苏轼 潇湘竹石图

"黑"代表有,视为实;"白"意味无,视为虚;"灰"则为有无间的过渡。在黑白灰的配比和控制中,实现了山水画"虚与实"的关系,从而将画境营造中最重要的虚实关系处理适宜,因而代表黑、白、灰运用最高境界的水墨山水才成为了中国绘画所崇尚的境界。江南私家园林中白色的粉墙、黑色的青瓦、灰色的山石亦是塑造园境的重要"无"色环节。

图5-38 元 黄公望 丹崖玉树图

图5-39 元 黄公望 洞庭奇峰图

图5-40 元 黄公望 富春大岭图

图5-41 元 黄公望 九珠峰翠图

图5-42 元 黄公望 群峰雪霁图

图5-43 元 黄公望 溪山秋霭图

图5-44　元 黄公望 溪山雨意图

图5-45　网师园淡雅图景

图5-46　宁静致远——网师园

　　白的粉墙就如绘画中所说的"留白",不仅衬托了主体,同时也扩大了画面的意境,是营造"虚"境的必要设色。"江南园林叠山,每以粉墙衬托,益觉山石紧凑峥嵘,此粉墙画本也。若墙不存,则如一丘乱石,故今日以大园叠山,未见佳构者正在此。画中之笔墨,即造园之水石,有骨有肉,方称上品。"(陈从周《说园》)白的粉墙往往会成为衬托园中景物的背景,其作用如山水画的画纸一般。例如拙政园的"海棠春坞",以竹子、书带草、太湖石和墙上的书卷形的题款为笔墨,以白墙为纸底,构成了一幅神似

图5-47　拙政园海棠春坞

图5-48　网师园松石饰粉墙

倪瓒山水小品画作的图景。随着光线的照射，树荫匝地，形成了极高的意境和审美价值（图5-47）。

　　网师园庭园景观的造境亦如此法，恰如《园冶·掇山》中所述："峭壁山者，靠墙理也。借以粉壁为纸，以石为绘也。理者相石皴纹，仿古人笔意，植黄山松柏、古梅、美竹，收之圆窗，宛然镜中游也。"（图5-48）此理法详细描述了白墙的成景作用以及山石与植物之间的色彩配合关系，同时也暗示了建筑对景观在色彩成景中的重要影响。通过有意识地设置门窗洞口，以框景的手法将粉墙前的景观构成虚实适宜的画作，成为建筑与庭园间的过渡之法。拙政园中"梧竹幽居"方亭的四面白墙上都有一个圆洞门，透过圆洞门可以看见四种不同的园内景色。圆洞门外一叶芭蕉，几根修竹，花影扶疏，若隐若现，构成了一幅幅色调统一、恬淡雅致的水墨画（图5-49、图5-50）。

　　无论是拙政园还是网师园，江南私家园林的建筑在色彩上都极尽清新淡雅之风，与整个园林的色调统一、协调，充分地体现了文人士大夫阶层特有的文人气质和审美趣味。梁枋柱头皆用素冷色调，以栗色、原木色为主色，涂饰清漆，与白色的墙面形成强烈对比，风格典雅简朴。室内的装饰、陈设的色彩同样以稳重淡雅之色为主，与墙面的白色形成对比，如屏风、家具、门窗等几乎以深褐色为主，文玩字画也多选素雅的风格，给人清淡幽雅、文韵十足的感觉。除此之外，辅以明亮突出的小块颜色来点缀，如鲜艳的盆花、红色的惠带等（图5-51）。

　　这些色彩配置无不精细巧妙，是造园者借画成景的佳作，寄托了造园者的山水情感，在粉墙黛瓦中透露出月色垂青、细雨残荷、清风绿竹这样自然脱俗的绝美境界，将淡雅的无色艺术推向了高峰。

第 5 章　山水图景的形式语言

图5-49　拙政园梧竹幽居

图5-50　拙政园梧竹幽居框景

图5-51 雕窗画春色

第6章 山水图景的要素表达

中国传统山水画创作与园林景观营造将自然美视为最高审美标准，灵感都是源自自然山水景色的美，经由人工艺术的再创造而形成高于自然美的意境美。两者的成景要素基本一致，山石、水体、植物与建筑是最主要的四大要素，通过对这四大要素的自然组合规律的研习，创造性地将其重组和排列，从而形成能够传达创作者主观思想和态度的画作及园景。中国传统山水画的理论和技法中关于各景观要素的绘画方法和特点的记述，与传统园林的造园理法多有相同，对江南私家园林的营造产生了积极的作用，进一步加深了画与园的共融，将"人在景中行，神在画中游"的园林意境表达得淋漓尽致。

6.1 山石

叠山置石是中国最古老、最典型、最独特的园林造景手法，石为山之骨，山为园之骨。掇山是传统造园艺术中最重要的组成部分，对于大多数为平地造园的江南私家园林而言，山石形成了空间的竖向骨架，加强了其整体性。山体是空间的垂直界面，可以隔绝视线，对空间的分割比其他要素更为明确，在构图上起着近、中、远景的作用，可以丰富空间的层次和景深，使意象更加完整。小型庭院中，常选用轮廓奇巧、玲珑的石块立于堂前、水池、洞门、漏窗或路径的转折处，起引导、对景、框景的作用，也可作为视点或局部构图中心。

园林中山石的堆叠手法与画石绘山的技法如出一辙，以传统的山水画理论为参考依据，画家以笔墨勾、皴、擦、点、染来塑造山石沟壑，掇山以土石来堆叠，形神、虚实皆相似，叠山置石无不渗透着山水画的精神之妙，突出深远如画的意境表达。许多山水名家如石涛、张涟等都是叠山置石的大师，石涛曾说："画山水者应脱胎于山川，云游四方，搜尽奇峰打草稿。"（图6-1、图6-2）传统山水画论强调画山石要源于自然，但又不只是对自然简单的再现，而是通过笔下的山石，以独有的视觉形式诉说自己的经历与思想，赋予画面咫尺千里的无穷意味。绘山即画人，山为人，人为山，山人合一，这是传统绘画中画山石的思想基础，源于模仿自然，但是要借由概括、提炼与升华，将情感赋予作品，创作出高于自然山水的艺术境界。

江南古典园林的造园艺术亦是如此。计成在《园冶》中说："有真为假，做假成真"，"虽由人作，宛自天开"，意为运用真山的意境来堆假山，虽然是人工堆叠的假山石，但是其成景的效

江南私家园林之山水意境营造

图6-1 清 石涛 搜尽奇峰图

(a)清 石涛 江山胜揽图及局部(右半部)

果极像真山。又说:"稍动天机,全叨人力",意为假山的构成、设计,要运用巧思,完成则全靠人力。园林中叠山置石也要注重人与自然的和谐统一,达到"山人合一"的景观效果。随着山水画技法的不断成熟,园林中的掇山艺术越来越具有真山气势,手法也越来越精妙。

(b)清 石涛 江山胜揽图及局部（左半部）
图6-2 清 石涛 江山胜揽图及局部

江南私家园林在掇山置石的选材中多选用太湖石，偏爱太湖石特有的"瘦、漏、皱、透"的"丑"态，原因就在于太湖石的这种外在形态与山水画中的山石特征极为吻合，是凸显园林画境的直接因素（图6-3）。"瘦、漏、皱、透"是宋代书法家米芾所提出的品石标准："瘦"突出的是石材形体的挺拔坚劲，修长多姿；"漏"强调的是石体多空洞、坑道，表面凹凸起伏；"皱"体现的是石体变化有致的皴纹、曲线等肌理；"透"要求石体空灵剔透、玲珑可人，可免除山石压抑沉闷之感，以能显现背景和有透视效果为上品。这一品石理论在山水画论中亦有体现，清《画筌》所载"势以能透而生"、"影以善漏而豁"、"透则形矮而势长"、"漏则体肥而若瘦"等都是对描绘石体美感的技法的总结。这些理论恰与《园冶·掇山》中的"瘦漏生奇，玲珑安巧"，《闲情偶寄·山石第五》中的"言由石之美者，俱在透、漏、瘦三字"等造园叠石技法相一致，可见山水画对园林石景影响之深切，也是江南私家园林中以"瘦、漏、皱、透"的"丑"为山石"美"的审美原则的缘由所在（图6-3、图6-4）。

图6-3　狮子林湖石佳树与清代石涛绘山水图局部对比

图6-4　留园框景与清代石涛绘枯木竹石图局部对比

在置石造景方面，《园冶·掇山》中记载："峰石一块者，相形何状，选合峰纹石，令匠凿笋眼为座，理宜上大下小，立之可观。或峰石两块三块拼掇，亦宜上大下小，似有飞舞势。或数块掇成，亦如前式，须得两三大石封顶。"可见园林置石贵在以少胜多，三五参差，大小各异，气脉贯通，顾盼呼应。如留园冠云亭，周围置石点缀，极富山林野趣（图6-5）。这种置石理法与山水画中散置石块绘法有异曲同工之妙，《芥子园画传》："画石大间小，小间大二法：树有穿插，石亦有穿插，树之穿插在枝柯，石之穿插更在血脉。"（图6-6）画石不可将石块单独放置，也不可把大小相近的石头设置在一起，这样使人感觉平淡且不生动，应让石头大小相间，才能显出石头的乐趣。

在掇山技法方面，计成在《园冶》中对山水画中的"皴法"亦是推崇备至，记载有"依皴合掇"、"渐以皴纹而加，瘦漏生奇，玲珑安巧"等叠石理法。例如"压掇法"摹自"折带皴"（图6-7），"拼掇法"摹自"斧劈皴"（图6-8），"随致乱掇"法取自"乱柴皴"（图6-9），大型园苑中的湖石假山多取自"鬼脸皴"（图6-10），黄石方正多层，善于表现"折带皴"和"斧劈皴"，太湖石圆润多孔，常表现"卷云皴"（图6-11）等，都与"如山川自具之皴，则有峰名各异，体奇面生，具状不等，故皴法自别。有卷云皴，劈斧皴，披麻皴，解索皴，鬼面皴，骷髅皴，乱柴皴，芝麻皴，金碧皴，玉屑皴，弹窝皴，矾头皴，没骨皴，皆是皴

图6-5　留园冠云亭图景　图6-6　留园冠云台北侧山石图景与清代石涛绘四季景观图对比

图6-7 压掇法与折带皴

图6-8 拼掇法与斧劈皴

图6-9 随致乱掇与乱柴皴

图6-10 狮子林假山与鬼脸皴

图6-11 湖石假山与卷云皴

也。必因峰之体异，峰之面生，峰与皴合，皴自峰生。"（石涛《石涛画语录·皴法章》）"皴法有可相兼者一二样耳，若乱云皴止可兼骷髅皴，披麻皴止可兼乱柴皴，斧凿皴止可兼矾头皴，自非然者未有不杂者也。"（唐志契《绘事微言·卷一》）"古人作画，非一幅画中，皴染亦非一格。每画到意之所至，看山之形势，石之式样，少变笔意。"（唐岱《绘事发微》）等画论一脉相承，山水画的皴法和园林的叠石技法相互融合，使得皴法成为叠石的术语，山水画中的山石和园林中的山石几乎合而为一了。唐岱所绘《十二月令图册》中，皴法多变，山形、石体千变万化，每个月令图从场景到技法变化丰富，将各月令的场景气氛表达得淋漓尽致、惟妙惟肖（图6-12）。

山水画通过不同的皴法将山的厚重、苍劲、含蓄、迷蒙等特性表达得淋漓尽致，而园林在掇山之初选择石料亦有塑造山之特性的考虑。不同石材就如同不同的皴法，笋石刚劲灵秀，湖石空灵，黄石坚硬，宣石苍劲。扬州个园中的四季假山就是运用这四种石材的特性塑造出了"春山灵秀、夏山空灵、秋山浑厚、冬山苍茫"的山林奇景，将郭熙在《林泉高致》中所描绘的"春山淡冶而如笑，夏山苍翠而如滴，秋山明净而如妆，冬山惨淡而如睡"的意境实现在园林掇山造景之中（图6-14～图6-16）。

(a) 清 唐岱 十二月令图（一月、二月、三月，由右至左）

(b) 清 唐岱 十二月令图（四月、五月、六月，由右至左）

(c) 清 唐岱 十二月令图（七月、八月、九月，由右至左）

(d) 清 唐岱 十二月令图（十月、十一月、十二月，由右至左）

图6-12 清 唐岱 十二月令图

图6-13 扬州个园春山图景

图6-14 扬州个园夏山图景

图6-15 扬州个园秋山图景

图6-16 扬州个园冬山图景

6.2 水体

山为骨,水为脉,山因水而活,水因山而灵。山石构成园林的骨骼,水则是活化园林的血液。画论云:"水令人远,石令人古"、"水因山转,山因水活"、"胸中有山方能有水,意中有水方许作山"等,山水相辅相成,互不分离,水无色却能异彩纷呈,水无形却能仪态万千,皆因与山配合得惟妙惟肖。传统山水画与江南私家园林的理水之法同根同源,园林与水有不解之缘,素有无水不成园之说。水体作为基本的造园要素是江南私家园林中不可缺少的因素。水体通过与山的对比形成明显的虚实变化,又通过其倒影收景于面,给人以虚而不空的观景感受。

"师法自然"是中国传统山水画与古典园林中塑造水景的共同原则。韩拙在《山水纯全集》中说:"惟溪水者,山水中多用之,宜画盘曲掩映,断续伏而后见,以远至近,仍宜烟霞锁隐为佳。"山水画讲究对自然之水进行形神兼备的模仿与再造,在绘画过程中总结出湖、池、潭、湾、瀑、溪、渠、涧等水体的幽远之美,表现出水体曲折迂回、深远莫测的画

图6-17 清 石涛 诗画山水图

境（图6-17）。同山水画中水景描绘一样，园林之水亦是源于自然而高于自然之境，贵在曲折。江南私家园林中理水的手法和意趣也是源于自然界的水体，既要师法自然，又要高于自然，掌握自然水体的形态规律，顺应本性地去营造。"水本无形，因岸而成。"江南私家园林中的水池几乎都是不规则的形状，靠堆叠土岸和湖石来形成它的边缘线，驳岸曲折、迂回、婉转，从而造成师法自然水面的表象。园中之水尽具自然水体之象，画之水境，追求诗情画意之美。

"开合处理"是画境与园境营造中重要的一环，更是理水的根本之法。"有分有合，一幅之布局固然，一笔之运用亦然。""凡布景起处宜平淡，中幅乃开局面。"（清郑绩《梦幻居画学简明》）（图6-18）。开合有致是山水画绘水表境的核心章法，起于何处、发展于何位、承接于何位均是通过笔墨的聚散、松紧表现水景的节奏。山水画巧

图6-18 元 吴镇 渔父图

图6-19 拙政园开阔的水面图景　　　　图6-20 由留听阁观山水之景

妙地处理好了开与合、聚与散的关系，使之在对立中又追求恰到好处的统一，从而使整个水体景观既有起落变化，又能协调一致，章法严格。

在江南私家园林中，"大水宜分、小水宜聚"是理水的基本原则。开与合、聚与散都是相辅相成的。江南私家园林中的水形以自然式为主，水面有开有合、有聚有分，聚则水光潋滟、开阔明朗，分则萦回环绕、曲折幽深。苏州拙政园的面积在江南私家园林中是较大的，因此其水景面积较其他私家园林要辽阔许多，取法"大水宜分"，水面有聚有散，富于变化。全园的水体处理主要是"分"，但就中部的水体而言，则是以聚水为主，水面较为宽阔（图4-101、图6-19、图6-20）。"小聚"是江南面积较小的私家园林的主要理水方法。如网师园虽只有400平方米的水面，但通过"聚"的手法营造出了一种湖水荡漾的辽阔之感，而水口与水尾以桥分水的处理又使小水来无头、去无尾，水意延绵，意远境深。可见水面讲究开合、聚散变化在山水画和江南古典园林中的意理是相同的（图4-128、图4-129、图4-134、图4-149、图4-150）。

6.3 植物

植物在山水画中具有重要的作用，可作为整体景观中的背景、前景和配景，使画面色彩缤纷、生机盎然。江南古典园林中的植物配置深受山水画的影响，在营园造山水中，植物是除山石、水体之外的另一核心自然要素，山石、水体、建筑与植物不可孤立，须相互因借，相互衬托。在植物配置中以营造自然之趣为目标，切忌整齐、对称、规则，务必要使植物大小相间，密中有疏，高低错落，同时发挥植物的季相特点，营造出富有山林野趣的园林景观，使园林景观具有了生命力。

"山水先理会大山，名为主峰。主峰已定，方作以次，近者、远者、小者、大者，以其

图6-21　元 吴镇 秋江渔隐图　　　　　　图6-22　网师园殿春簃庭园南墙组景

一境主之于此，故曰主峰，如君臣上下也。林石先理会大松，名为宗老。宗老意定，方作以次，杂窠、小卉、女萝、碎石，以其一山表之于此，故曰宗老，如君子小人也。"（郭熙《林泉高致，图6-21》）。此为基于山水绘画的骨架，无论是山石还是植物，在画中皆有主次先后，其自身必须宾主有序，强调"主景突出，配景烘托"的布局手法，对所画内容进行有层次、有条理地安排。全景山水画的布局常以大小、疏密、浓淡变化等手法，使同类形象在画面上反复出现，使具有共同特征的形象，以不同的层次推移，使人在视觉感受上获得渐层的变幻，以此来造成空间结构上的照应。

江南私家园林的植物布局深受山水画论中植物构图方式的影响，十分重视主从关系的搭配，视松、柏为群组中的"宗老"，其他花木种类为配植，形成主景突出、配景呼应的植物配置关系，这是不同种类植物间布局搭配的基本关系。以网师园殿春簃庭园南墙组景为例，假山前配植苍劲有力的白皮松一株做主景，枝干斜出，形态潇洒，使景观空间富有画面构图

图6-23 留园西部枫林

图6-24 沧浪亭假山

线条美（图6-22）。在同种植物配置的空间层次上，米芾《论山水画》中记载了"主树欹，客树直；主树直，则客树不得反欹矣"的配置原则。如留园西部的枫林（图6-23）和沧浪亭假山上的植物配置（图6-24），因树冠大小不同，高低错落，主客之势一目了然，与山水画的画理十分符合。

植物之景的主从之分，突出了植物景观营造中的变化、对比和差异性，强调了植物多样配置的重要性，同"山头不得重犯，树头切莫两齐"（五代荆浩《山水节要》）的画理相通。但同时也不可使宾主间失去联系，成为孤立的个体，一方面强调植物的自然多样之美，最忌整齐一律，另一方面强调植物群落的整体感，忌杂乱无章，此为对比统一的艺术法则。正与"淡木烟林不要密，密则细碎。林丛切忌头齐，列岫布之高下"（宋李澄叟《画山水诀》）和"烟林之木亦宜疏，密则繁絮"（唐王维《山水诀》）的理论相符。同时，点明了植物景观贵在精巧而不在乎繁多，因此，在江南私家园林的植物景观营造中，孤植和丛植成为最主要的植物种植形式。

孤植在庭园中注重植物本身的形体美感塑造，讲究枝干姿态潇洒，虬结苍劲，与山水画中单株植物的塑造有着相同的审美情趣，时而枝小细密如范宽绘之（图6-25），时而精瘦硬朗似马远画松（图6-26），可谓是株株因画入园境。这些山水画作，不但为孤植树的修剪造型提供了参考样式，而且提高了古典园林植物配置的艺术品位。如唐代王维画树喜用青藤显树之古气，故在《山水论》中曰："临岩古木，根断而缠藤。"若古树依此法造型孤植于庭院角隅、廊之转角或入口处作点景，便可达到与画境相同的古意盎然的效果。如苏州狮子林内，假山上孤植一棵古柏，姿态优美，苍劲挺拔，颇具画意（图6-27）。

丛植是江南私家园林中另一主要配植形式，深受山水画中丛植理论的影响。丛植最基

图6-25 狮子林孤植白皮松与范宽绘枝叶繁密的寒林

图6-26 九狮峰孤植组景与马远绘松石图

图6-27 狮子林古柏孤植与王维绘山水图

图6-28 拙政园水岸两株丛植图景与倪瓒两株树木组合画法

础的是两株、三株画法,其他皆可依此类推。清代画家龚贤在《半千课徒画说》中对两株和三株的画法进行了具体的记述:"二树一丛,分枝不宜相似,即十树五树一丛,亦不得相似。其中有避就法,纵横法,变换法,破法,救法,改法。""二株一丛则两面俱宜向外,然中间小枝联络,亦不得相背无情也。""三株一丛,则二株家近,一株宜远,以示别也。近者宜曲而俯,远者宜直而仰。""三株一丛,二株相似,一株宜变,二株直上,则一株宜横出,或下垂似柔非柔,有力故也。""三株不宜结,亦不宜散,散则无情,结是病。"(图6-28、图6-29)。通过山水画中丛植理论及其所蕴涵的变化统一规律的直接指导,使得江南古典园林中丛植景观处处尽显诗情画意。

图6-29 拙政园水岸丛植图景与倪瓒多株树木组合画法

6.4 建筑

在江南私家园林中,建筑是园林成景中重要的一环,占有重要的位置。作为成景要素,建筑与山石、水体、植物等自然要素相配合,营造出天人合一的山水意境。亭、台、楼、阁、舫、榭、廊、厅、堂、馆等各式各样的园林建筑,结构风格奇巧,艺术装饰优美,富于绘画意趣,具有独特的艺术魅力,不仅可满足园主的生活起居需求,更重要的是构成城市山林,实现隐逸山林的天然之趣。各式建筑因在园林中的作用不同,布局也各异,但都具有成景的考虑,或点景,或衬景,或构景,满足了人在园林中可行、可游、可停、可观的要求。

园林建筑的布局及样式除了受到时代特征和文化的影响之外,最重要的是参考了山水画作中建筑和自然景物间的造境关系,起画龙点睛、锦上添花的作用。《山水诀》:"平地楼台,偏宜高柳宜人家;名山寺观,雅称奇杉衬楼阁……""回抱处僧舍可安,水陆边人家可置……"《芥子园画传》:"凡山水中之有堂户,犹人之有眉目也。人无眉目则为盲癫,然眉目虽佳,亦在安放得宜。""凡房屋画法必须端详山水之面目所在,天然自有结穴。大而数丈之画,小而盈寸之纸,其安置人居,只得一处两处。山水有人居,则生情,庞杂人居,则纯市井气。"(图6-30)以上等山水画论中关于建筑与山水环境关系的核心理念即是相地安居、精于体宜。

山水画论中对于建筑布局的论述成为园林中建筑的布局范本,园林建筑布局精妙、兼顾内外,花间隐榭,水际安亭,长廊云墙,曲桥漏窗,起着点染、补充、裁切、修饰山水风景的作用。从外看,建筑融于自然景物之中,由内看,庭园景色收于户牖之内。园林中的建筑在成景中具有框景、对景和障景的作用。框景是建筑成景中最重要的作用,借由洞门、洞窗、漏窗等形式,把园内特定区域的景色框入框内,使框内景色形成一幅幅栩栩如生的自然山水画卷。在园林中也经常采用空廊的形式来增加园林空间的层次感,其廊柱也可以起到框景的作用,把

图6-30 元 黄公望 水阁清幽图

远处的景色框入视野之内，通过不同路线的引导作用形成"小中见大"、"步移景异"的视觉效果。网师园梯云室，隔窗而望，峰石花木，在粉墙背景的映衬下，如写意山水一般幽美。耦园的四面厅"山水间"，透过门窗北望，折桥迂回，植物繁茂，山清水秀，宛若天然图画。艺圃池北水榭延光阁，透过南侧和合窗隔池南望，湖石假山临池而筑，山石嶙峋，树木葱郁，极富山林野趣，是园中主要的观景点，尽收园内山水之美（图6-31、图6-32）。如此一般楼台入画、安亭得景的画境根植于江南私家园林的每一个角落。

总而言之，画山水与山水营园具有密不可分的关联，从其历史，或是空间建构，或是表达形式等各个方面来对比研究，两者间都有着直接的对应关系。也正是因此，江南私家园林才能成就几千年来私家营园的最高境界，园中处处因画成景，又处处生境如画，将自然山水的美与内涵表达得淋漓尽致，成为后人学习、继承千年营园理法的教科书，更是传承中华民族千年园林梦的物质遗产，是一项没有止境的研究对象。

图6-31　艺圃山水图景

图6-32　艺圃山水图景

参考文献

[1] 刘敦桢. 苏州古典园林[M]. 北京：中国建筑工业出版社，2005.

[2] 童寯. 江南园林志[M]. 北京：中国建筑工业出版社，2014.

[3] 童寯. 造园史纲[M]. 北京：中国建筑工业出版社，1983.

[4] 童寯. 园论[M]. 天津：百花文艺出版社，2006.

[5] 汪菊渊. 中国古代园林史[M]. 北京：中国建筑工业出版社，2006.

[6] 孟兆祯. 园衍[M]. 北京：中国建筑工业出版社，2012.

[7] 彭一刚. 中国古典园林分析[M]. 北京：中国建筑工业出版社，1986.

[8] 周维权. 中国古典园林史[M]. 北京：清华大学出版社，2004.

[9] 杨鸿勋. 江南园林论[M]. 上海：上海人民出版社，1994.

[10] （明）计成著. 陈植注释. 园冶注释[M]. 北京：中国建筑工业出版社，1988.

[11] 张家骥. 园冶全释[M]. 山西：山西古籍出版社，1988.

[12] 孙筱祥. 园林艺术及园林设计[M]. 北京：中国建筑工业出版社，2011.

[13] 孙筱祥. 生境·画境·意境[J]. 风景园林，2013.06，26-33.

[14] 俞剑华. 中国画论类编[M]. 北京：人民美术出版社，2008.

[15] 陈传席. 中国山水画史[M]. 天津：天津人民美术出版社，2001.

[16] 罗一平. 造化与心源：中国美术史中的山水图像[M]. 广州：岭南美术出版社，2006.

[17] 汉宝德. 物象与心境：中国的园林[M]. 北京：生活·读书·新知三联书店，2008.

[18] 刘天华. 画境文心：中国古典园林之美[M]. 北京：生活·读书·新知三联书店，2008.

[19] 潘谷西. 江南理景艺术[M]. 南京：东南大学出版社，2001.

[20] 吴肇钊. 夺天工[M]. 北京：中国建筑工业出版社，1992.

[21] 陈从周. 说园[M]. 上海：同济大学出版社，2007.

[22] 黄长美. 中国庭园与文人思想[M]. 台湾：明文书局，1985.

[23] 安怀起. 中国园林艺术[M]. 上海：同济大学出版社，2006.

[24] 张强. 中国山水画学[M]. 郑州：河南美术出版社，2005.

[25] 宗白华. 美学散步[M]. 上海：上海人民出版社，2005.

[26] 叶子. 黄宾虹山水画论稿[M]. 上海：上海人民出版社，2011.

[27] 周积寅. 中国历代画论[M]. 江苏：江苏美术出版社，2013.

[28] 蒲震元. 中国艺术意境论[M]. 北京：北京大学出版社，1999.

[29] 吴欣. 山水之境：中国文化中的风景园林[M]. 北京：生活·读书·新知三联书店，2008.

[30] 刘晓惠. 文心画境：中国古典园林景观构成要素分析[M]. 北京：中国建筑工业出版社，2002.

[31] 曹林娣. 园庭信步：中国古典园林文化解读[M]. 北京：中国建筑工业出版社，2011.

后　记

书稿的完成即是多年来研究成果的梳理与整合，也是长久以来个人对园林与绘画梦的实现。书稿的顺利完成，离不开很多人的帮助与支持。非常感谢贾东教授奖掖后进的鼓励。贾老师是我工作上的启蒙人，科研上的引路人，使我在科研治学和待人处世方面都受益良多。在教学工作中，更是得到贾老师的言传身教。我对教学一事的兴趣，也大多从此而生。贾老师的为人、为师之道，是我的榜样与楷模。本书的完成，更是得到了贾老师的支持和敦促。

感谢我的导师刘晓明教授，感谢老师对我的无私给予和培养，老师治学的精神，对我的学习与工作影响至今，受益良多。感谢潮河边人博客，书稿中实景图片均为作者拍摄，山水画作图片是笔者借助此博客及链接长期关注及积累所得，为书稿中园画对比提供了翔实的图片资料。

感谢中国建筑工业出版社的老师们为本书的出版所做出的辛勤工作。

感谢诸位师长和同事们在本书的写作过程中给予的支持和帮助。

感谢我的家人，感谢他们无私的支持、鼓励和理解，为我本书的完成提供了坚实的保障。

本书的研究承蒙"北京市专项——专业建设-建筑学（市级）PXM2014_014212_000039"、"2014追加专项——促进人才培养综合改革项目—研究生创新平台建设-建筑学（14085-45）"、"本科生培养-教学改革立项与研究（市级）-同源同理同步的建筑学本科实践教学体系建构与人才培养模式研究（14007）"的资助，特此致谢。